GIANNINA WEDDE

Es wächst ein Licht in deinem Fehlen

EIN TROST- UND TRAUERBUCH

VIER TÜRME

Die Autorin

Giannina Wedde, geboren 1974, studierte Germanistik, Philosophie, Publizistik und Theaterwissenschaft. Sie ist als Autorin, Liedermacherin, Coach und Seminarleiterin auf dem christlich-mystischen Weg tätig.

Inhalt

Vorwort

Trauer ist Schmerz über das Unwiederbringliche. Dieser Schmerz gehört zu uns, wenn wir einen Menschen durch den Tod verloren haben. Er wird sich nicht immer gleich anfühlen, nicht immer dieselbe Intensität haben oder den gleichen Ausdruck finden, aber er wird stets auf eine Weise in uns sein, als natürliche und gesunde Antwort auf Verlust und Abschied.

Drei Erfahrungen, die Trauernde oft machen, sind die der Einsamkeit, der Verdrängung und der Trostlosigkeit. Einsamkeit, weil es für die meisten Menschen immer noch sehr schwer ist, Trauernden offen und zugewandt zu begegnen und sie mit ihren Bedürfnissen wahrzunehmen. Verdrängung, weil Betroffene oft keine inneren und äußeren Räume finden, um ihren Verlust bewusst zu betrauern und einen aktiven Weg des Abschieds zu gehen. Trostlosigkeit, weil viele der bewährten Trostworte heute leer und fremd klingen und weil religiöse Antworten das Brennen der Trauer nicht lindern.

Diese Erfahrungen sind nicht bloß eine Momentaufnahme unserer zeitgenössischen Trauerkultur und ihrer schmerzlichen Defizite, sie weisen auch den notwendigen Weg in einen freieren, gesünderen und gemeinschaftlicheren Umgang mit Sterben, Tod und Trauer.

Denn das, was uns an Miteinander fehlt, an Gefühlsausdruck und an Trost, ist weder verloren noch unerreichbar, vielmehr liegt es wie eine Aufgabe in unseren Händen.

Auch das vorliegende Buch entstand unter dieser Perspektive: Wie können wir Trauer aus dem Schweigen und der Angst ans Licht holen? Wie können wir als Trauernde sichtbarer sein? Wie können wir unseren vielfältigen Gefühlen lebendigen Ausdruck verleihen? Und wo finden wir Trost? Echten, aufrichtenden Trost, den wir auch weitergeben können?

Eine Antwort auf diese Fragen ist für mich die Poesie. Sie ist nicht nur Raum, in dem alle schweren Gefühle, alle Widersprüche, die kreisenden Gedanken und Fragen aufgehoben sind. Sie ist auch der Raum, in dem wir uns wie Tauchende in die tiefsten Schichten unserer Trauer vorwagen, um nicht selten genau dort Trost und Verwandlung zu finden. Der „poetische Blick" lässt sich auch über die Grenzen eines Textes hinaus üben: als Bereitschaft, das Unbekannte und Ungewisse zu bereisen, das Wesen der Dinge zu verstehen und einen schöpferischen Umgang mit allen Lebenswirklichkeiten zu finden.

Im Verlauf dieses Buches bin ich der Erfahrung nachgegangen, wie sehr unser Umgang mit dem Tod geliebter Menschen an elementaren Lebensbedingungen hängt: daran, wie bewusst uns unsere eigene Sterblichkeit ist, an der Frage, wer wir geworden sind und wer wir sein wollen, an unserer Verbundenheit mit der Natur und ihren Zyklen und ganz besonders an unserer Fähigkeit und Möglichkeit, uns als Teil einer menschlichen Gemeinschaft zu erleben, die uns trägt und die wir mittragen.

Ich glaube fest daran, dass Trauer keine einsam erlittene Gestimmtheit oder unlösbare Aufgabe sein muss, sondern dass sie von uns allen bewältigt und in ein erfülltes Leben gebettet werden kann, wenn wir offen, berührbar und begegnungsfähig bleiben. Wenn wir lernen, auch dem Leidvollen Raum zu geben und die Beziehungen zu unseren Toten zu bewahren. Denn Trauer ist nicht nur der Schmerz über das Unwiederbringliche, wie ich eingangs schrieb. Sie ist auch der Weg, der uns zurück ins Leben und mehr noch: auf eine neue Weise ins Leben führt.

Giannina Wedde

Verlust –
Dein Tod, der in mir wandert und ruht

Die Nachricht vom Tod eines geliebten Menschen ist eine bodenlose Erschütterung. Binnen weniger Sekunden ist das Leben, wie wir es kannten, vorbei.

Was so unerwartet in unser Leben kommt, löst oft einen Schock aus, der das einbrechende Leiden für eine Weile lindert, bis wir in der Lage sind, der eingetretenen Veränderung zu begegnen. Ein Trauerprozess beginnt. Kündigte sich das Sterben durch eine langwierige Krankheit an, so beginnt dieser Prozess oft schon zu Lebzeiten des geliebten Menschen.

Nach dem erlittenen Verlust ringen wir zunächst um nicht viel mehr als das reine Überleben. Für viele ist ein Leben ohne den Verstorbenen nur schwer denkbar. Wie soll es weitergehen? Wie kann das Unaushaltbare ausgehalten werden?

Zahllose Gefühle, Gedanken und Erinnerungen stürmen auf uns ein. Und auch der Körper leidet, wenn das Schlafen, Essen und Trinken nicht mehr gelingen will. Es ist schwer, in der ersten Zeit nach einem Todesfall Zuversicht zu empfinden oder überhaupt das Gefühl zu entwickeln, ein souveräner und handlungsfähiger Mensch zu sein. Und doch ist es so, dass uns allen von Natur aus die Fähigkeit gegeben ist, den Tod eines nahestehenden Menschen anzunehmen und aus aller Ohnmacht, Sprachlosigkeit und dem Schmerz in ein erfülltes Leben zu finden. Die Trauer steht uns dabei nicht im Weg – vielmehr ist sie der Weg. Auf ihm begegnen wir vielen Aspekten unseres Selbst, die wir vielleicht noch nicht kannten. Wir begegnen auch den Vorstellungen, die wir von gelingendem Leben haben, und den tiefen spirituellen Fragen. Und selbst, wenn vieles auf diesem Weg Anstrengung und im wörtlichen Sinn Trauer-Arbeit ist, so fallen uns glücklicherweise auch immer wieder Dinge wie von selbst zu.

Ausgebreitet

Wärst Du noch hier,
so trügen die Bäume ihr Grün
wie ein fröhliches Geheimnis
und der Himmel läge weich wie Kaschmir
auf wogendem Korn.

Schritt für Schritt
würde ich gehen. Frei von Gedanken,
in wunschloser Andacht
der kleinen Stelle unter meiner Sohle lauschen,
an der der Sandstein heiter knirscht.

Doch Du bist verloren.
Und nicht nur mir.
Jeder Halm ist um Dein Licht betrogen.
Dein Tod ist über alle Dinge ausgebreitet
wie schwarzes Tuch.

Feindschaft

Ich wusste nicht,
dass man in Feindschaft leben kann
mit der nächsten Sekunde,
mit dem nächsten Atemzug,
ich dachte,
für Feindschaft braucht es mehr
als die Zumutung des nächsten Moments.
Ich dachte,
es braucht hässliche Worte
und entschlossene Gegner,
schwelende Wut mit langer Geschichte
und stechende Blicke
über die Gräben der Entzweiung.

Aber die Feindschaft
kam über mich,
wie dem staunenden Kind
der Flaum eines Vogels
vor die Füße fällt.
Dort schlossen sich Deine Augen,
und hier, in meiner toderschrockenen Mitte,
schlug die Feindschaft
ihre roten Augen auf.

Die Beiläufigkeit
der grausamen Dinge,
ich kannte sie nicht.

Ich fürchte die nächste Sekunde,
ich ringe mit der Unbeirrbarkeit
des nächsten Atemzugs,
ich arbeite mich ab an der Überforderung
des nächsten Moments.
Nirgends finde ich Dich.
Nirgends das Wort,
das die Fehde beendet,
an der ich nicht sterben kann.

Vielleicht fällt der Frieden
mir einst vor die Füße
mit derselben Beiläufigkeit.
Mit derselben Gewissheit,
dass ich ihn nicht suchte,
doch so präzise und unabänderlich,
als gäbe es für ihn
kein anderes Geschick
außer der sicheren Ankunft bei mir.

Dein Tod, der in mir wandert und ruht

Dein Tod ist nicht bei Dir geblieben.
Er hat beschlossen, mich zu bewohnen,
er braucht eine Bleibe nach getaner Arbeit,
einen Ort, an dem er ausruhen kann.
Ich fühle ihn umhergehen in meinem Körper,
mit geschlossenen Augen und Füßen aus Lehm.
Müde sitzt er in meinen Schultern,
mal fällt er wie krank in meine Beine,
und wenn ich die Hände zum Gruß erhebe,
liegen schwer seine Hände darin.
Nun bin ich zwei: der Mensch, der ich war,
und der Tod, der in mir wandert und ruht.
Ich gewöhne mir an, mich anders zu bewegen,
mit doppelter Kraft, wie ein Mensch unter Wasser,
ich lerne, dass den einfachsten Dingen
ein Widerstand innewohnt.
Ich erkenne die anderen, die bewohnt sind wie ich,
an der Schwere in ihren Gliedern,
die Fremden von gestern, die erst durch den Tod
mir Schwestern und Brüder wurden.
Und langsam wächst dies staunende Begreifen,
dass der Tod nie nur den Sterbenden sucht.

Er sucht in uns die leeren Räume,
den Andachtsort für sein Geheimnis.
Der Tod, der Dir die Augen schloss,
hat mir im Inneren zwei Augen geöffnet,
die lernen, unter der schweren Last
die Würde des Tragens zu sehen,
und unter dem nagenden Ohnedichsein
die Anmut tiefer Gemeinschaft.
Dein Tod ist nicht bei Dir geblieben.
Er hat beschlossen, mich zu bewohnen,
und ich – ich lasse es geschehen.

In die Ferne

Dein Name
hat einen anderen Klang,
seit er in keiner warmen Haut mehr wohnt.
Er wandert heimatlos
wie der Ruf der Möwe
über dem offenen Meer.
So oft ich ihn sage,
so oft zieht er weiter
in die Ferne,
mit allem,
was er nicht länger halten kann.

Meine nutzlos gewordenen Hände

Liebe ohne Erfüllung.
Sehnsucht ohne Erlösung.
Meine Hände greifen ins Leere,
ohne Aussicht darauf,
dass es je anders wird.

Meine Trauer ist nichts
als dies innere Greifen,
das nicht endet,
nichts als die Aussichtslosigkeit,
die sich nicht beruhigen kann.

Ich werde leben müssen
mit dem Nicht-aufhören-Können,
und auch mit der Leere, der geduldigen,
die wund ist wegen meiner Hände,
dieser nutzlos gewordenen Hände,
die gestern noch auf Deiner Haut lagen
wie ruhende Anker im Meeresgrund.

Lasttier

Geh doch mal wieder ein paar Schritte!
Wann hast Du zuletzt gegessen?
Schlaf dich mal aus
und
sieh doch, wie schön der Holunder blüht!
Sie sagen,
Du musst gut für Dich Sorge tragen.
Doch meine Schritte sind vergesslich geworden,
sie wissen nicht mehr,
wie man von Ankunft träumt.
Und in meiner Kehle kommt der Bissen
nur schwer am eisernen Knoten vorbei.
Schlafen ist gnädig,
wie tiefes Vergessen,
doch das Vergessen meint es nicht gut.
Ich erwache jeden Tag aufs Neue hinein
in die Nachricht von Deinem Tod.
Fast achtzig Mal
bist Du mir schon gestorben,
immer wieder zum ersten Mal.
Mein Schrecken ist frisch wie die Holunderblüte.
Ich muss gut für mich Sorge tragen,
ich Lasttier der Unbarmherzigkeit.

Vergessen

Die Zeit heilt alle Wunden,
heißt es,
als wüchse barmherzig
eine neue Haut
über offenes Fleisch.
Doch die Zeit ist kein Heiler.
Sie fügt bloß den sterblichen Dingen
das Vergessen hinzu.
Bald wissen wir nicht mehr,
woran wir kranken.

An einem leisen Tag wie heute

Manchmal beobachte ich Dich, Trauer,
an einem leisen Tag wie heute,
an dem Du und ich allein sind in dieser Welt.
Du bist das Raubtier, das fremde,
mit blitzenden Augen im hohen Gras,
gekommen, um mich zu reißen.

Doch heute witterst Du mich nicht,
heute bleiben Deine Blicke blind für mich,
und meine Fährte habe ich sorgfältig verwischt.
Ich beobachte Dich
und die Ohnmacht Deines Suchens,
ich lausche Deinen kaum hörbaren Schritten,
Deinen Raubtieratem nehme ich wahr,
der sich in meinen Atem mischen will.

Heute bin ich nicht Deine Beute,
heute bin ich der Blick, der auf Dir wandert,
von den Krallen Deiner Hinterläufe
bis hin zu Deinen stumpfer werdenden Fängen,
die Du so oft in mein Fleisch getrieben hast.

Ich messe Dich aus, ich wiege Dich,
ich merke mir die Unebenheiten Deiner Haut
und die kleinen Wirbel in Deinem Haar,
während Du Dich wartend ins Gras legst.

Ich taste Dich schauend ab,
bis ich die Unschuld in Deinem Wesen bemerke,
bis mir fast lieb wird, wer Du bist.

Dann lege ich mich neben Dich,
ohne zu wissen, ob ich Dich zähme mit meinem Blick
oder ob Du mich zähmst mit Deinem Warten.
Und vielleicht kämpfen wir morgen wieder
bis aufs Blut,
doch nicht an einem leisen Tag wie heute.

Manchmal setzt sich die Nacht zu mir

Manchmal setzt sich die Nacht zu mir
und sieht mir beim Warten zu.
Beim Warten auf die Rückkehr des Lebens,
auf die Dinge, die verspielt sind und leicht.
Auf den Geschmack der Früchte,
die ich lustlos esse,
auf das Klingeln eines Freundes
an meiner Tür,
auf den Schlaf, der nicht länger schwer ist
wie Ohnmacht
und dessen Träume wieder Farben tragen.

Manchmal setzt sich die Nacht zu mir
und sagt: Sei nur geduldig.
Alle Dinge sind endlich,
sogar das Verzagen an der Endlichkeit.
Sogar die Schwere Deiner Füße,
die die Freundlichkeit der Erde nicht mehr finden,
sogar der dumpfe Ton der Stille,
den selbst Musik nicht mehr bezwingt,
sogar das Nicht-mehr-weiter-Wissen,
das Dich an jedem Ort besucht,
und auch die Angst.

Manchmal setzt sich die Nacht zu mir,
und wir schweigen wie alternde Freunde.
So frei, dass wir das Warten vergessen
und auch das Geduldig-sein-Müssen.
Draußen ist es mal Herbst, mal Frühling,
und mein Blick will sich selbst überdauern.
Alles ist goldgrünes Werden
und atmet mir zu.
Es klagt mich nicht an
für die Zeit, die ich brauche,
mit der Nacht an meiner Seite.

Kindlich

Das Kind, das ich einst war,
glaubte, dass die Wunde, die man dreimal küsst,
sich rascher schließt und nicht vernarbt,
und dass die Worte, die wir rückwärts sagen,
den Lauf der Dinge wenden.

Es glaubte, dass die Liebe manchmal jene trifft,
die unter einem Zauber stehen,
und dass der erste Schnee,
sobald er auf der Zunge schmilzt,
den ganzen Winter lang den Körper wärmt.

Es glaubte fest daran,
dass wir im Schlaf die andere Welt bereisen,
wo wir das Schmerzliche
zu einem guten Ende träumen,
und dass die Wünsche,
die wir mittags niederschreiben,
durch Feuer in Erfüllung gehen.

Ich sehe Deinen Mantel auf dem Stuhl,
den Kaffeebecher, den Du nicht mehr leertest,
und Deinen Schlüssel in der Schale aus Olivenholz.

Drei Dinge, die am falschen Ort
auf Dich und ihre alte Ordnung warten.

Widersinnig fröhlich
glaubt das Kind, das ich einst war,
dass Du gleich wiederkommst.

Das fernste aller Worte

»Tod« war mir immer das fernste aller Worte,
meine Sprache hatte es ins Exil verbannt
zu den anderen Unsagbarkeiten.
Darum lag dieses Wort schief in meinem Mund,
und als ich es aussprach, Deinetwegen,
klang es so rau,
dass es die Weichheit Deines Namens verletzte.

Auch heute mag ich es nicht sagen,
dieses Wort aus der Fremde.
In seiner einsilbigen Enge
hat mein Schmerz keinen Platz.
Ich höre mich sprechen
von Heimkehr und Schwinden,
vom Fortsein und Enden,
vom Voraus- und Hinübergehen,
– nur vom Entschlafen nicht, denn Du warst wach –,
und meine Traurigkeit misst sorgsam
von innen die Worte aus,
in denen sie wohnen und atmen kann.

Heute ist es dies Wort: Vorübergehen.
Denn dass Du vorübergegangen bist,
bedeutet, dass auch Du noch ein Wanderer bist

wie ich, doch mit lautlosen Füßen,
und es schmerzt mich und rührt mich
und tröstet mich zugleich,
dass wir beide an Dingen
auch traurig vorübergehen:
am Kindsein und an den ersten Küssen,
am Wunsch, den wir uns nie erfüllten,
am Haus, das wir liebten,
und an verlorenen Freunden,
an Fragen, die wiederkehren.

Und nun auch an einem Leben,
das reich, doch noch hungrig war.

»Tod« ist mir das fernste aller Worte,
weil ich Dir darin nicht ähneln kann.
Es muss zurück ins Exil, in die Fremde,
vielleicht nur für eine Weile.
In meinem Mund liegt noch
die Weichheit Deines Namens.

Ich –

Wer bin ich, wenn Du mich nicht schaust

Wenn ein geliebter Mensch stirbt, wird uns auf schmerzliche Weise bewusst, wie sehr wir auf den anderen angewiesen waren. Wie sehr die Blicke, Worte und Berührungen des Verstorbenen uns zu dem machten, was wir sind, und wie sehr der Lebensweg des anderen auch unseren Weg formte.

Vielleicht ist dies eine der schönsten Wirklichkeiten unseres Lebens: dass wir Beziehungswesen sind. Doch der Tod bringt diese erstaunliche und erfüllende Wirklichkeit auf die traurigste Weise in uns zum Klingen: indem wir begreifen, dass unsere Persönlichkeit, unsere Eigenarten und unsere Vorzüge, alles, was wir für unser Selbst hielten, in einem Miteinander entstand, das nun unterbrochen ist. Das scheinbar fest umrissene Ich, vielleicht auch unser liebenswertestes Ich – es war ein ständiges Werden in Beziehung mit einem Menschen, der nun für immer fort ist.

Der erlebte Selbstverlust wirft existenzielle Fragen auf: Wer bin ich ohne den anderen? Kann ich das, was der geliebte Mensch aus mir hervorgebracht hat, auch ohne seine Ermunterung und Zuneigung weiter verkörpern? Kann ich diesen Blick, der mich erkannte, verstand und annahm, auf eine Art in meinem Leben bewahren?

Es ist, als müssten wir uns neu (er)finden, und vielleicht gelingt es uns auf diesem oft schwierigen Weg, die tiefe Erfahrung der eigenen Bedingtheit nicht nur als Schwäche, sondern auch als Geschenk zu erleben. Als Geschenk, weil diese Bedingtheit bedeutet, dass wir auch künftig unter den wohlwollenden Blicken anderer zu einem Menschen heranreifen können, dessen Tiefe und Kraft wir jetzt noch nicht erahnen.

Die Nacht ist nicht mehr still

Oft liegt auf allem,
was an Deinem Tod so dunkel ist,
ein zweites, laut gewordenes Dunkel.
All die Versäumnisse.
Hast Du gewusst,
wie sehr Du mich ins Leben stelltest?
Wie sehr Dein ruhiger Gang
den Frieden tief in mir beschwor?
Und wie ich wirklich wurde,
wenn Du meinen Namen riefst?
Ich habe es Dir nicht sagen können.
Nicht, weil die Zeit uns fehlte,
doch dieser Mut,
mit dem wir bekennen:
Ich bin nicht ohne Dich,
ich habe keinen Grund an meinen Füßen,
wenn Du nicht mit mir darauf stehst.
Die Nacht ist nicht mehr still.
Es sind so viele ungesagte Worte,
so viele warme, scheu zurückgehaltene Blicke,
die über den Dächern der Schlaflosen
rastlos wandern.

Dein Blick

Mir ist Dein Blick abhandengekommen,
als Deine Augen sich schlossen.
Dieser Blick, der in mir schon sehen konnte,
was ich längst noch nicht bin.
Dein Blick, der mich schön fand,
wenn ich im Spiegel
nur ein Standbild beschädigten Lebens sah.
Dein Blick, der mich klug fand,
auch wenn ich mir selbst
keine Frage beantworten konnte.
Und der mich unversehrt sah und gut,
als stünde aus all meinen Fehlern
ein Mensch auf, so weiß
wie frisch gefallener Schnee.
Dein Blick, der noch meine schneidenden Worte
so gründlich durchsuchte
nach dem Seufzen in ihrer Mitte.
Und der mit unbeirrbarer Geduld
die Glut ausfindig machte,
die in der Asche meiner Träume glimmt.

Wo ist dieser Mensch nun,
wenn ihn Dein Blick nicht vermutet,
nicht ahnt, nicht schaut,
nicht heraufbeschwört,
ihn nicht hebt,
wie das Kind aus der Taufe,
in meine Gestalt?

Die wir-losen Orte

Ich habe gedacht, dass es schwer sein würde, dieses Haus zu bewohnen, in dem wir lebten. Die Stufen heraufzusteigen, auf denen noch Deine Schritte liegen. Den Tisch zu decken, ohne Dein Lächeln über dampfenden Schüsseln. An den Fenstern zu stehen, durch die Du Deine Blicke auf den taubenetzten Wiesen verteiltest. Auf dem Bett zu liegen, das die Schwere Deines Körpers nicht vergessen kann. Doch es ist leicht, so leicht, diesen Ort zu bewohnen. Jeder Raum ist bis zum Rand gefüllt mit Deiner Unersetzlichkeit. Jeder Gegenstand hat sich bereiterklärt, Dein Fehlen mit ganzer Kraft zu verkörpern. Alles in diesem Haus bezeugt das Leben, das in Dir mit unbeirrbarer Lust umherging. Selbst wenn ich die Schönheit Deiner Erscheinung vergäße, dieser Ort spräche unablässig davon. Du bist gegenwärtig, wenn auch auf die schmerzlichste Weise – indem jedes Ding nur noch eine Geschichte vom Ohnedichsein erzählt.

Draußen aber ist das Leben schwer. Dort, wo die Wege liegen, die wir nie betraten. Dort, wo Menschen Deinen Namen nie hörten. Dort, wo kein Auge uns sah und unser gemeinsames Werden bezeugte. Dort, wo die Dinge ein Leben um ihrer selbst willen haben. Die wir-losen Orte sind es, an denen ich leide. Die Orte, die keine Trauer haben. Dort, wo Du nicht verloren bist, befällt mich größte Verlorenheit. Ich bin wie unser Haus, das sich selbst vergessen hat, um Erinnerung an Dich zu sein. Und ich weiß nicht mehr, was es heißt, mich selbst zu bewohnen.

Geduldig

Ich lerne, mit mir geduldig zu sein wie mit einer Kranken. Ich kümmere mich um den Durst und den Hunger, für deren Rückkehr ich dankbar bin, und um die unsicheren Schritte, mit denen die Außenwelt durchquert sein will. Ich halte den hängenden Kopf und die irrlichternden Gedanken mit wachsender Zärtlichkeit und tausche die mahnenden Worte an mich selbst gegen leise Tröstlichkeiten aus. Dem Ruhebedürfnis gebe ich nach für erleichtertes Atemholen auf den kleinen sicheren Inseln des Schlafs. Ich versuche, mir gute Gesellschaft zu sein. Ziehe Farben in mein Sichtfeld und Düfte in meine Nähe. Die Kornblume, das leuchtende Tuch, den Korb voller Äpfel, das Zitronenöl. Ich frage mich selbst: Was brauchst Du?, ohne einen Mund voll Bitterkeit, sogar ohne Hintergedanken oder Zweifel, wie erfasst von argloser Mütterlichkeit. Den Morgen begrüße ich ohne Reue für meine kaum merkliche Freude, den Abend überführe ich ins Haus wie eine kostbare Trophäe des Überlebens.

Die guten Worte, die man mir schreibt, lese ich oft. Manche lege ich in meinen Räumen aus wie Fährten in ein neues Leben, denen zu folgen ich gewillt bin. Freundliche Blicke übersehe ich nicht länger, ich ankere dankbar an ihren Ufern. Senkt jemand den Blick vor meinen Traurigkeiten, nehme ich die Ohnmacht darin wie ein seltsames Geschenk entgegen. Ich weiß, mein Dunkel wiegt schwer, manch einer kann es nicht tragen. Ich verzeihe die Flucht und das Schweigen wie unverschuldete Ungeschicklichkeiten.

Etwas in mir ist versöhnlich geworden, vielleicht aus Not, vielleicht, weil der Tod an mir arbeitet wie das Meer am runder werdenden Kiesel. Nicht nur ich, sogar das Unannehmbare wird weicher an seinen Rändern, fast schon sind wir beide berührbar, der Tod und ich. Auch die Angst ist zahmer geworden nach vielen ermüdenden Kämpfen. Manchmal schläft sie an meiner Seite ein wie ein mageres Tier auf der Suche nach Wärme.

Ich lerne, mit mir geduldig zu sein. Ich lerne, die Geduld des Lebens mit mir dankbar anzunehmen. Mich beschenken zu lassen von einer den Dingen innewohnenden Freundlichkeit, die sich nach mir sehnt und mich bittet, nicht länger verloren zu sein.

Verlassensein

Alleinsein ist leicht.
Noch der verlorenste Mensch
hat die Gabe,
sich zu bewohnen.
Er ist sich selbst Heimat genug.

Doch nicht das Verlassensein.
Der Tod hat jede Grenze übertreten
und meinen Zufluchtsort verwüstet.
Wo ist nun mein Zuhause
und wer soll ich sein?

Abschiedswunde

Ich kann mich in dieser Welt
nicht länger mit Deiner Zuversicht wappnen
gegen meine Zweifel und Traurigkeiten
und gegen die streitbaren Tage,
die mich infrage stellen.

Und wenn ich wachse,
dann nicht länger hinein
in die aufmunternde Wärme Deiner Erwartung,
in Dein tiefes Vertrauen, das mich heil sah,
wie tief ich auch verwundet war.

Ich kann meine Gaben
nicht länger mit Deiner Stimme beflügeln,
nie wieder froh sein mit Deiner Freude,
ich kann nicht mehr schöpfen
aus dem Überfluss, der Du warst.

Mir ist,
als wärest Du aus meiner Form gefallen,
aus meiner Haut. Auf meiner Brust
brennt scharlachrot die Abschiedswunde.

Das Ende eines Fadens

Wie unfertig ich bin. So vorläufig wie ein Gedanke. So flüchtig wie eine Idee, die erst durch den Eifer derer, die sie teilen, Leben erhält. Es wurde mir schlagartig bewusst, als Du starbst. Als habest Du das Ende eines Fadens losgelassen, an dem meine Glieder hingen. Meine selbstbewussten, lebenshungrigen Glieder, sie lagen plötzlich in der Welt wie aufgetürmtes Treibholz. Auch die alte Ordnung meiner Worte war gefallen. Wie einer Fremden hörte ich mir selbst beim Sprechen zu.

Ich schämte mich, es mir einzugestehen, weil es auf unerträgliche Weise selbstbezogen schien, aber für eine lange Zeit war das schmerzlichste an Deinem Tod, dass ich mir selbst verloren war. Dass ich in diesem geduldig errichteten Menschenhaus aus Lebensjahren, Geschichten und Beziehungen nicht mehr wohnen konnte. Dass ich nirgends mehr ein wärmendes Feuer tiefer Gewissheit fand.

Ich wusste nicht mehr anzuknüpfen an das, was mich gestern noch erfüllt hatte. Nicht nur, weil Dein Tod die Bedeutung all dessen, woran ich arbeitete, worüber ich nachsann, was ich erstrebte, infrage stellte, sondern weil ich mich oft nicht einmal daran erinnern konnte, womit ich denn zuvor meine Zeit verbracht und meine Zukunftsträume angefüllt hatte. Zuvor, das heißt: vor deinem Tod.

Mich er-innern, dieses genussvolle und manchmal leidvolle Vergegenwärtigen dessen, was uns innewohnt und ausfüllt und uns damit eine unverwechselbare Identität schenkt, es gelang mir nicht. Ich war selbstvergessen im traurigsten Sinn. Wie ohne Eigenschaften in eine fremde Welt gestellt.

Lange dachte ich, dass ich nur warten müsse, dass ich ausharren müsse, als zöge ein großes Maß an Duldsamkeit auf eine seltsame Art den Lohn nach sich, aus diesem lebensfernen Zustand befreit zu werden. Doch wer sollte mich befreien? Die Zeit schien endlos. Ich lebte in Feindschaft mit ihr.

Was mir eines Morgens geschah, fühlte sich nicht an wie eine Rettung, auch nicht wie ein an sein natürliches Ende gelangtes Warten, ohne zu wissen, worauf. Ich erwachte mit einem flammenden Zorn. Ich wollte keine weitere Sekunde tiefer um mich selbst als um Dein Sterben trauern. Man darf nicht toter als die Toten sein.

Etwas in mir stand auf und wollte sich behaupten und klagte reiches, warmes Leben ein. Dieses Leben musste ich nicht suchen, es war als reine Fülle überall zugegen. An jedem Tag, auf jedem Weg, an jedem Baum. Für eine Weile konnte ich an keinem

Blatt vorübergehen. Meine Blicke fielen über all die filigranen Wunder her wie hungrige Tiere. Hatte ich zuvor jemals auf diese Art geschaut? Ich bäumte mich auf gegen eine Art von Tod, die tragischer ist als das notwendige Vergehen: das Aufgeben.

Und doch ist es nicht so, dass ich mich wiederfand. Dass wieder heil wurde, was der Tod zerriss. Zum Vertrauten führte kein Weg zurück. Durch die Erschütterung des Todes hatte ich mich selbst verlernt. Kann man sich selbst verlernen? Sich neu und staunend ergreifen lassen wie ein Kind? Etwas Unbekanntes brach an, brach über mich herein. Etwas, das viel mehr Frage war als Antwort. Ein Fließen mehr als eine Festigkeit. Etwas, das sich aus vielen Dingen neu zusammenfindet, in jedem Augenblick, wie in stiller Übereinkunft. Dieses Werdende, zu dem auch ich gehöre, ist vertraut mit jedem Schmerz und offen für jedes Glück. Ein Meer der Ungewissheit, das auf eine Weise, die ich vielleicht nie begreifen werde, todversöhnt ist.

Muschelsammlerin

Jeden Tag wächst die Stille zwischen uns.
Ein dunkles Wasser nimmt das Land,
das wir bewohnten.
Mit rundem Rücken stehle ich der Flut
die schönsten Muscheln.
Die weichen Blicke zwischen uns,
die guten Worte,
die Atemwoge unserer Umarmung.
Ich bin die werdende Insel.
Unter meinen salzverbrannten Händen
breiten sich neue, trotzende Ufer.
Aus tausend Muschelmündern
erklingt ein unbekanntes Lied.

Herzkammer

Dass Du mich nicht mehr siehst,
besiegelt auch für mich ein Sterben.
Du schaust mich nicht mehr an
mit dieser Ruhe,
die den Lärm der Dinge stillt.
Du schaust mich nicht hervor
aus meinen Ausflüchten,
aus meinen Ängsten, nicht genug zu sein.
Du siehst mich nicht voraus
in einer Zukunft, die sich warm
um meine Gaben schmiegt.
Du schaust mir nicht mehr zu
mit diesem Wohlwollen,
das die Alltäglichkeiten segnet.
Du bannst nicht länger mit Deinem Blick
die dunklen Träume
und die eingebildeten Gefahren.
Wenn Du mich nicht erkennst,
mich nicht betrachtest,
wer ruft mich dann zur Blüte?
Ich muss mich in ein anderes Schauen betten,
muss Deinen Blick im Inneren tragen
wie eine fünfte Herzkammer.

Gefühlslandschaften – Dein Tod hat mich seltsam gläsern gemacht

Zu trauern bedeutet, intensive und widersprüchliche Gefühle zu durchleben. Nicht immer nimmt Traurigkeit dabei den größten Raum ein. Wir erleben Angst, Scham und Schuldgefühle, Wut, Verzweiflung, Einsamkeit und Ohnmacht. An manchen Tagen empfinden wir große Sehnsucht und an anderen lähmt uns die Schwere des erlebten Verlustes. Für manchen ist der Tod eines geliebten Menschen so schmerzlich, dass zunächst alle tiefen Gefühle abgeschnitten werden. Die Trauer wird »vertagt«, bis innerer Raum oder Hilfe in Sicht sind, um das Geschehene anzusehen und zu durchfühlen.

Viele innere Kämpfe kosten uns Kraft: die Suche nach Erklärungen und Antworten, der Versuch unserer Psyche, das Erlebte mit Sinn zu füllen, das Zerriebenwerden zwischen Nicht-mehr und Noch-nicht, das Schwanken zwischen Rückzug und Angewiesensein.

Manchmal überfordern wir uns selbst mit einer Vorstellung von angemessener Trauer und mal erwartet unser Umfeld von uns, dass wir innerhalb kürzester Zeit unser gewohntes Leben wieder aufnehmen. Manche

Frage drängt sich auf: Wie muss Trauer verlaufen? Wie lange darf sie dauern? Was, wenn nichts sie lindert? Wem kann ich mich anvertrauen, mich zumuten? Auch wenn viele Trauernde ähnliche Phasen beschreiben und gemeinsame Erfahrungen teilen, begreifen wir heute zunehmend, dass Trauerprozesse sehr individuell sind. Trauer ist als ein Gesicht der Liebe zwischen zwei Menschen einzigartig und unvergleichlich. Und was für die Liebe gilt, gilt auch für die Trauer: sie verändert und entwickelt sich, wenn sie ungehindert in uns atmen darf.

Gläsern

Dein Tod hat mich seltsam gläsern gemacht.
Nicht nur,
dass ich kein Geheimnis mehr habe,
nicht länger verberge, was in mir ist
und was ich nicht länger bin.
Ich bin auch seltsam zerbrechlich geworden.
Mein Fuß hält der Härte des Bodens nicht stand,
meine Hand bricht an jeder Berührung.
Und wenn es mir gelingt,
ein Wort zu sagen,
liegen Scherben in meinem Mund.

Befreiung

Ich möchte nicht reden müssen,
möchte meine schalen Worte nicht schmecken,
die säuerliche Unehrlichkeit darin,
zusammengesetzt aus meiner Erschöpfung,
meinem Schrecken und meinem kindlichen Wunsch,
gleich aus dem Alptraum zu erwachen.
Ich möchte die zahllosen Dankesworte über Bildern,
gedeckten Tischen und streng beränderten Karten
wieder zurücknehmen,
sie zurücklegen in meinen Mund,
bis sie genug Würde haben,
um ausgesprochen zu werden,
bis sie meinen, was sie sagen,
und erreichen, wen sie suchen.
Ich möchte die Hände abstreifen,
die auf meinem Körper liegen,
die wohlmeinenden, schwitzenden,
und die kalten, verlegenen Hände,
die hölzernen Gesten,
die mein Dunkel nicht beschwichtigen,
und meinen Körper beschweren wie Steine.
Ich möchte die Krüge leeren aus offenen Fenstern,
die welkenden Blumen und den süßlichen Duft
ins Draußen verschütten.

Mich von den Dingen befreien,
die es wagen zu blühen, obwohl Du tot bist,
und auch von den Kerzen,
den nutzlos flackernden Trostloslichtern,
die mich rufen, wie das Kind, das ich war,
in den Abgrund des Wartens,
in adventliches Hoffen oder seliges Träumen,
dort, wo keine Hoffnung und kein Traum mehr
atmen kann.
Ich möchte schweigen,
ohne der bohrenden Stille standhalten zu müssen,
möchte unter Menschen sein
und doch mit peitschenden Rufen alle vertreiben,
die grelle Worte an mein Dunkel heften
oder ängstlich vor meinem fremd gewordenen
Gesicht verstummen,
und ich möchte alle um Verzeihung bitten
für diese Gedanken, die in mir wüten,
noch während ich lächle.
Ich möchte die randvolle Gedankenschale ausschaben,
sie gründlich reinigen von all den Sentimentalitäten,
vom feierlich selbstmitleidigen Jammer,
der sich wie klebriger Staub auf Dein Bild legt
und alles entstellt,
was meine Erinnerung noch staunend
und in unbekannter Liebe wird begreifen wollen.
Ich will ja Dich begreifen.

Und was Du warst.
Und wie wir sein werden,
durch diesen tiefen Riss getrennt,
doch unzertrennlich.
Ich will mir selbst aus der Zukunft entgegeneilen,
mir ohne Zittern in der Stimme versichern:
Es ist ja gut.
Es ist ja Leben.
Ich will geduldig sein.

Winterwelt

In strengen Jahren bricht der Winter
so hastig über das Land herein,
dass selbst der Warnruf der Amsel gefriert.
Erstarrt sind alle kahlen Zweige,
stumm klagen ihre ohnmächtigen Gebärden
den Himmel an.
Jedes Fließen ist verstummt.
Weiß ist die Nacht in ihrem Herrschen,
und jeder Halm ist in den Schlaf gezwungen,
in eine geisterhafte Stille.

So plötzlich kam Dein Tod.
Nicht angemahnt mit dunklen Zeichen,
nicht sanft beschworen aus der Ferne.
Mit dieser Hast, die keine Ahnung duldet,
und auch kein Abschiednehmen.
Ein kalter Schrecken liegt an meinem Grund.
Vom frohen Gestern abgerissen
suche ich wandernd meinen Platz,
die treue Wärme einer Flamme
in dieser fremden Winterwelt.

Schattenworte

Wenn erst der Tod
das Tuch des Schweigens breitet,
wiegen sie schwer,
fast schwer wie Schuld:
die Schattenworte.
Das Ungesagte,
das niemals den Weg
zum anderen ging.
Die nicht bekannte Liebe.
Vertagter Dank.
Erstickte Fragen
und bezähmte Wahrheit.
Ein nadelfeiner Zorn.
Die Hoffnung auf Vergebung.
Die eine Wunde,
die noch Tröstung brauchte.
Und diese unscheinbare Zärtlichkeit,
die wir nicht wagten.
Lass Dich von dieser Last
nicht länger beugen.
Misstraue gründlich
dem Gefühl, es sei zu spät.
Sprich alles aus.

Die Toten kranken nicht mehr
an der Zeit.
Ihr tiefes Lauschen ist unendlich.

Nackt

Ich will dem Tod
keinen Sinn mehr abtrotzen.
Will nicht länger versuchen,
ihm mit bloßen Händen
die scharfen Kanten abzuschleifen.
Ich will nie wieder Funken
in seine feuerfeste Schwärze werfen.
Nie mehr mit einem Wort wie »Ewigkeit«
mich für einen längst verlorenen Krieg wappnen.
Man kann den Tod nicht besiegen.
Doch die Dämonen der Verleugnung,
die mich quälen, kann ich bannen.
All die Beschönigungen, die Vermeidung,
das Zögern, Zagen und Verzerren
aus mir selbst vertreiben.
Bis endlich nackt der Tod sich zeigt.
So nackt wie ich ihm gegenüber.
Wer bist Du,
werden wir einander fragen.
Zum ersten Mal.

Frag nicht

Gott gibt keine Antworten.
Gott sät die Fragen aus
und Du bist Erde.
Du trägst die Fragen
und Du trägst sie aus,
bis sie als Grün
in wilden Gärten stehen.

Rückkehr

Ich war so toderschrocken,
dass ich aus meinem Körper fiel.
Dass ich mich allein ließ
mit dem Sog des Abgrunds
und den heulenden Wölfen darin.
Dass ich verstummte
und den lauten Klagen keine Stimme lieh.
Dass ich vergaß, wer ich bin,
und nicht wissen wollte,
wer ich noch werden kann.
Ich habe versäumt, mir beizustehen,
mich zu bergen, solange ich schutzlos bin.

Doch heute kehre ich zurück.
Zurück in den Körper, der schwerer ist,
seit in ihm die Trauer umhergeht,
zurück in ein Leben, das tief erschüttert
und bestohlen ist,
zurück in diese Welt,
die den Dorn des Todes trägt
und doch in ihrer tiefsten Mitte,
dort, wo das Rot des Morgens

und mein Atemstrom
einander ahnungsvoll begegnen,
für immer unbeschadet ist.

Geduld

Ich möchte warten können.
Auf mich und was ich werde.
Auch auf die Dinge, die uns alles abverlangen,
auf Freude, die am Schmerz gewachsen ist,
auf Menschlichkeit, die sich nicht selbst bedauert.
Ich will der Gutheit jedes Morgens trauen,
will mich an die vielen Zeichen erinnern,
die freundlich an den Rändern meiner Wege lagen
als Spuren einer Weisheit, die mich hält.
Ich möchte glauben können.
Nicht an die Dinge, die ich nicht berühren kann.
An die Berührbarkeit der einen Liebe,
die sich in alles ausgegossen hat.
Ich habe Sehnsucht nach dem Leben,
das seidenzart und doch so allgewaltig ist,
dass selbst der Tod darin
noch Platz zum Atmen findet.

Geteilte Ohnmacht

Du meinst es gut.
Du sagst, der Himmel öffnet sich
dem einen, den ich tief vermisse.
Er war zu gut für diese Welt.
Und endlich enden seine Schmerzen.

Du meinst es gut.
Du sagst, ich hätte sie nicht retten können,
die eine, die ich tief vermisse.
Sie würde wollen, dass Du lachst.
Sie hatte doch ein gutes Leben.

Du meinst es gut,
doch meinst Du mich?
Oder die eigene Angst,
mit der Du unablässig sprichst?
Glaubst Du an Tode,
die wir ruhigen Herzens tragen können?

Sprich es doch aus,
dass jeder Tod uns stumm und ratlos macht.
Dass es kein Wort gibt, um das dunkle Meer zu teilen.
Wenn nur die Ohnmacht einmal atmen,
einmal seufzen darf.
Das ist mir Trost.

Vertagt

Ich habe die Türen zugeworfen,
die zwischen mir und Deinem Tod
sich drohend öffneten
wie schwarze Mäuler
nie gekannter Traurigkeiten.

Ich wollte mir Zeit verschaffen.
Nur einmal noch den Tauben
mit den Blicken folgen,
von morschen Dächern
in das frohe Grün der Linden,
nur einmal noch auf sonnenwarmer Erde
mit bloßen Füßen stehen,
im Duft des Oleanders.

Es ist lange her. Die alten Türen
lassen sich nur schwer entsperren,
und ich erahne,
was ich auch in mir verschloss.
Ich werde fremde Hände brauchen,
die meine Trauer bergen.
Mir steht Dein Tod auch heute noch bevor.

Es ist leicht

Es ist leicht,
sagt die Stimme,
die immer eine Handbreit
über meinem Kummer schwebt.
Dann legt sie mir den Morgen randlos weich
in alle meine Sinne, wie ein Loblied
auf den Neubeginn.

Es ist leicht,
den Traurigkeiten Raum zu geben,
und dann noch einen kleinen Schritt zu gehen
bis an den Rand der sonnengelben Wiese,
an den Bach, der unverändert fröhlich perlt,
und zur Backsteinmauer, die an heißen Sommertagen
so lindernd kühl an meinem Rücken lehnt.

Es ist leicht,
sagt die Stimme,
die immer eine Handbreit
über meinem Kummer schwebt,
selbst wenn ich ganz und gar darin verloren bin.
Immer wieder sammle ich genügend Mut,
um ihr für einen Augenblick zu glauben.

Gefährten -

Den Quellen entgegen, mit geteiltem Durst

Der Tod eines geliebten Menschen bringt neben dem Schmerz oft Einsamkeit mit sich. Auch die nächsten Freunde und Verwandten wissen nicht immer mit Trauernden umzugehen. Der Tod macht sprachlos und hilflos, weswegen viele oft lieber schweigen, anstatt das Falsche zu sagen, oder eine Begegnung vermeiden, anstatt der Ohnmacht zu begegnen. In einer Situation, in der wir mehr denn je Trost und Zuwendung brauchen, erleben wir uns daher nicht selten als mutterseelenallein.

Es ist an der Zeit, Trauer als menschliche Wirklichkeit sichtbarer zu machen, Trauernde sichtbarer zu machen und uns daran zu erinnern, wie sehr wir gerade angesichts des Todes aufeinander angewiesen sind.

Wer trauert, braucht Jenseitsversprechen ebenso wenig wie verharmlosende oder beschwichtigende Worte über beendetes Leiden oder vollendetes Leben. Ein abgewehrter Schmerz kann keine Linderung erfahren. Ein vorschneller Blick auf Morgen erkennt das Heute nicht an. Der Tod ist abgründig und verstörend.

Er ist die einzige Wirklichkeit, die durch nichts mehr zu verändern, zu heilen oder umzukehren ist. Als Trauernde brauchen wir Menschen, die gar nicht erst versuchen, das Unfassbare fassbar zu machen oder das Unerträgliche erträglich. Wer mit seiner Aufmerksamkeit, seiner Freundschaft und Liebe beim anderen ist, wer bereit ist, das Unlösbare auszuhalten und am Schmerz Anteil zu nehmen, wer bereit ist, einfach da zu sein und zuzuhören, der ist, vielleicht auf die einzig mögliche Art, ein Tröster. Ein Verbündeter, den wir alle brauchen können, wenn der Tod unser Leben für immer verändert, und der wir alle auch sein können, wenn jemand in Zeiten der Trauer auf uns zählt.

Halt mich aus

Halt mich aus,
wenn mir an schweren Tagen
die Welt zu groß ist
und ich die Wege nicht mehr finde,
die zur vertrauten Heimat führen.
Wenn selbst die Sterne ratlos
aus den Bahnen stürzen
und auch der Mond die Nacht
nicht mehr durchglimmt,
halt Du mich aus
mit meinem Dunkel.

Halt mich aus,
wenn meine Worte schneiden,
wenn ich nur ungerechte Fragen stelle
und ich ein Schweigen vor mir trage
wie ein Geschütz.
Wenn nichts mir ferner liegt
als anzunehmen, dass man das Sterben
irgendwann verschmerzen kann,
und ich mit Bitterkeit
den Brunnen meiner Kraft vergifte,
halt Du mich aus
mit meiner Not.

Atme

Atme.

Atme, hast Du zu mir gesagt,
dieses tröstlichste aller Worte,
als niemand es wagte,
das strenge Protokoll
des Beileids zu verletzen,
als niemand sich traute,
ein fehlbares Wort
in die brüllende Stille zu legen.

Atme.

Und mir war,
als entließe
ein nachtschwarzer Adler
meine Brust aus dem Griff seiner Klauen
mit endlosem Seufzen.
Die Luft stürzte in meine Lungen,
randvoll mit den Düften
aller versäumten Tage,
an denen ich mir selbst verloren war.

Für einen Moment standen
die Jahreszeiten in mir auf
und legten das Leben wie Garben
zurück in die Leere meiner Herzkammer.

Atme.

Atme, hast Du zu mir gesagt,
dieses ewigste aller Worte,
und mir war,
als sähe zum ersten Mal
ein Mensch mich an
mit Gottes Augen.

Nimm mir nichts

Tröste mich,
aber nimm mir nichts.

Nimm mir nicht den Schmerz,
dieses brüchige Gehäuse,
in dem der geliebte Mensch
nur noch für eine Weile
bei mir ist.

Nimm mir nicht das Dunkel,
das sich wie kühle Erde
um mich schließt,
um meine Wunde
vor dem Tag zu schützen.

Nimm mir nicht die Zwischenzeit,
den stundenlosen Raum,
in dem die Schwelle
zwischen Tod und Leben
durchlässig ist.

Tröste mich,
aber nimm mir nichts
und füge mir nichts hinzu.

Halte das Wort zurück,
das beschwichtigt,
zähme die Eile,
die das Morgen zwingen will,
leg nicht die Bürde neuer Hoffnung
auf meine Schultern.

Denn ich habe keine andere Wahl,
als hier zu sein
und diese unbekannten Wege abzuschreiten,
und ich brauche einen Grund,
der ohne Absicht meine Füße trägt.

Der andere

Manchmal rufen wir am rettenden anderen
uns selbst ins Leben zurück.
Manchmal bricht nur die Hand des anderen
unsere erstarrten Hände auf.
Manchmal gibt nur der Blick des anderen
der Liebe in uns Gestalt.
Wie oft ist es das Warten des anderen,
das geduldige Lauschen,
das Schauen entlang der Ränder der Wunden,
das uns zum Leben verführt,
zum Wagnis, endlich Mensch zu sein.
Wir sind Beschenkte, weil wir bedürfen.
Leicht wird die Last, auch die toddurchtränkte,
die auf vielen geduldigen Schultern liegt.

Beschenkt

Das schönste Geschenk war,
dass Du mich fragtest.
Dass Du mich fragtest,
ohne zu drängen, ohne zu raten,
ohne zu eifern mit unruhiger Hand.
Wie eine,
die mit mir Wüsten durchwandert,
den Quellen entgegen, mit geteiltem Durst.
Mit Raum im Herzen,
für das, was noch tastend,
noch ächzend am Du ersucht, in der Welt zu sein.
Mit weichen Blicken,
um das keimende Grün nicht zu schrecken,
um nicht zu ritzen die schneezarte Haut.
Das schönste Geschenk war,
dass Du mich fragtest.
Dass Du mich fragtest wie eine,
die weiß: Nur dann
hat das Leben eine Wahl,
wenn ein Hören es erwartet.

Schweigen

Dass Du mit mir schweigst,
gibt jedem Wort in meinem Inneren
seine Gutheit zurück.
Bitter war in mir das Sprechen geworden,
das niemand hören wollte,
dunkel die Worte,
in denen ich mit dem Tod allein blieb.
Dass Du mit mir schweigst,
gibt dem Unaussprechlichen
ein bergendes Zuhause.
Nicht länger irrt es
durch meine Gedanken
wie ein waidwundes Tier.

Das Ende jeder Einsamkeit

Nicht der Tod macht einsam.
Es ist die Furcht,
die zwischen sprachlosen Menschen
wandert und seufzt.

Der Tod hat mich in einem Augenblick
mit jedem Menschen,
auch dem fernsten, tief verbrüdert.

Ich sehe mein eigenes Schauen
in tausend ruhelosen Augen
nach dem Verlorenen suchen.

Nur ein unausgesprochenes Wort
trennt mich und alle Todversehrten
vom Ende jeder Einsamkeit.

Versprechen

Ich werde Dich nie wieder meiden
und Deine Tränen um die Endlichkeit.
Ich werde nie wieder fürchten,
dass der Tod, den Du beweinst,
mich krank oder erst sterblich macht.
Ich werde nicht fliehen, wenn Du fällst,
nie wieder glauben, dass meine Hand
und meine Stimme
zu schwach und arm an Tröstung sind,
um einen Menschen wieder aufzurichten.
Ich werde keinen Schritt mehr weichen,
selbst wenn Du lachst,
um nicht zu Stein zu werden,
und auch wenn Du verstummst
und alle Türen fest verschließt,
will ich ein Licht auf jede Schwelle legen.
Ich werde das Warten lernen, ich werde üben,
einfach da zu sein, ohne den Wunsch,
in der Unsagbarkeit das rechte Wort zu finden.
Denn ich kenne den Geschmack von tiefer Trauer
und ich weiß, wie einsam viele Tage werden,
wenn man vom Tod gezeichnet ist.

Trauer ist kein ferner Ort hinter den Schatten,
kein leises Gift, das jeder einsam trinken muss.
Sie ist die Wunde, die in allen Menschen offen bleibt,
und an der Grenze unseres Vermögens
ist sie die Frage nach Gefährtenschaft.

Verbündete

Darf ich mich in die Höhlung
Deines Lauschens legen,
mit meinem Dunkel
und der Ausweglosigkeit,
mit meinem Schweigen
und den angstgeschwärzten Worten,
mit diesem Schrecken,
der kein Morgen denken kann?

Willst Du Dich mutig
mit dem Licht in mir verbünden,
auf nackte Zweige Vögel
neuer Hoffnung setzen,
den Morgen bitten,
sich zu mir herabzubeugen
und mich aufzulesen
wie ein zerbrochenes Gefäß?

Endlichkeit – Brüchig ist das Gehäuse der Zeit

Es gab sie einmal, die sinnstiftenden Geschichten, die wir einander erzählten, um dem Tod einen Platz in unserem Leben einzuräumen: Mythen, Märchen, religiöse Parabeln, Totenbücher, *Memento Mori* in Form von Todesbetrachtungen und Streitgedichten zwischen Tod und Mensch, oder die *Ars moriendi*, die Sterbebüchlein über die Kunst des guten Sterbens. Aber wir leben in einer komplexeren Welt, und wir tun uns schwer mit zeitgemäßen Geschichten über die Endlichkeit. Vergangenen Formen der Sterbekultur nachzutrauern, wäre wohl unangemessen nostalgisch. Doch ein kritischer Blick auf uns selbst verrät uns, dass wir heutzutage wie hypnotisiert von Jugend, Vitalität und dem machbaren Glück viele Kräfte aufwenden, um unsere Sterblichkeit zu verdrängen. Der Tod, so allgegenwärtig er in Nachrichten und Unterhaltungsindustrie auch ist, ist unserem Empfinden seltsam fremd.

Vielleicht trifft uns das Sterben auch deswegen so hart, vielleicht ist unsere Erschütterung auch deshalb so tief, weil wir nicht üben, den Tod zu denken, weil wir uns nicht mit ihm vertraut machen, bevor er machtvoll in unser Leben einbricht. Weil wir einander nicht auf ein Leben vorbereiten, dessen Fülle und Schrecken gleichermaßen an der Wirklichkeit der Endlichkeit hängt. Es liegt wohl in unserer Natur, dass wir uns zu mancher Zeit unverwundbar fühlen und glauben, dass ein erlebtes Glück nicht enden und unsere Kraft sich nicht erschöpfen werde. Und doch lädt jeder Tag mit all seinen kleinen Abschieden und dem Unvollendeten uns dazu ein, unsere Endlichkeit zu begreifen. Zu begreifen, dass es nichts gibt, dessen wir uns sicher sein können, außer dem gegenwärtigen Moment. Vielleicht lebten wir diesen gegenwärtigen Moment zutiefst erfüllt, ohne Zurückhaltung, ohne Vermeidung und ohne Zerrissenheit, wenn wir es nur wagten, mit unserer Endlichkeit Frieden zu schließen. Den Tod ins Leben zu holen bedeutet letztlich auch, die Kunst des guten Lebens zu erlernen.

Heute

Kein Tod ist unvorhersehbar.
Wir alle wissen um das letzte Kapitel
und dass man mit dem Autor
die Zeit und den Ort
und auch die Weise
nicht verhandeln kann.

Vielleicht leben wir
nicht nur von Luft,
von Brot und Wasser
und der Nährkraft der Liebe.

Vielleicht leben wir viel mehr
verschworen und einig
wie in unverbrüchlicher Komplizenschaft
von dieser einen Lüge:
dass es geschehen werde,
doch nicht heute.
Nicht heute.

Unser aller Heute
ist dieser Lüge teuer abgekauft.

Alles wird still

Ich wusste immer, dass ich endlich bin. Kein Tod war nötig, um mein Gefühl von Dauer zu erschüttern. Schon als Kind hielt mein Blick dem goldenen Licht des Abends nicht stand. Die Flüchtigkeit solcher Schönheit zu ertragen, gelang mir nur selten. In jenen Momenten willigte etwas in mir ein, und alles wurde still, wurde Stille, die die Herrlichkeit und Traurigkeit der Dinge nicht voneinander trennen kann. Ich fühlte mich dem Himmel mit seinen fliehenden Erscheinungen genügend verwandt, um tief zu empfinden: auch ich bin flüchtig. Und das zu ertragen war leicht, denn wir fürchten wohl den Verlust der Dinge, an die wir unser Herz hängen, aber niemand fürchtet in jungen Jahren, sich selbst zu verlieren. Erst spät begreifen wir, dass es viele Arten gibt, sich selbst mitten im Leben und mit offenen Augen abhanden zu kommen.

Wie alle Heranwachsenden lernte auch ich zu vergessen. Mich stark zu fühlen in einer Welt, die die Endlichkeit verschweigt. Mich festzuhalten an den todlosen Verheißungen von Glück und Gelingen, von Ankunft und Entfaltung, von Träumen, die die Wirklichkeit bestürmen, bis sie sich in den Willen des Menschen ergibt. Ich lernte wie eine zu leben, die keinen Grund zur Eile hat und keine Sorge um die losen Fäden, die niemand wieder aufnimmt. Ich lernte, den Tod zu beobachten, wie man ein fremdes Wesen beobachtet, ein fernes Land oder eine Traurigkeit, die man selbst noch nicht geschmeckt hat und die man deshalb nur mit ratlosem Herzen bedauern kann. Ich blickte todvergessen auf all die unwirklichen namenlosen Toten, die wir in erfundene Geschichten und gewissenhafte Nachrichten verbannt haben und die immer nur vom anderen, doch nie von uns selbst erzählen. Die wir fernhalten von unserem eigenen Sterben-Müssen, durch Empörung, durch Bewunderung, durch Gleichgültigkeit, immer eine Armlänge entfernt von unserer verletzbaren Mitte.

Dass der Tod, dieser Fremde, dieses ferne Land, diese verbannte Traurigkeit, auch meiner ist, mein innerster Grund, mein dunkelnder Kern, die mit den Jahren wachsende wunde Stelle unter meinem Herzen, das wurde mir erst wieder bewusst, als Du gingst. Als wäre ich wieder das Kind, das dem schwindenden Abendgold nicht nachsehen mag, als erinnerte ich mich jäh, erschrocken und nackt an dieses erste Gefühl unausweichlicher Vergänglichkeit.

Und ich wünschte mir, ich hätte sie nie verloren, diese innerste Gewissheit, dass wir alle nur für eine Weile wie Abendlicht ein Stück Erde berühren, wandernd, ohne je Fuß zu fassen. Vielleicht wäre ich dann nicht so ungeschickt, so ungeübt darin, einen Blick, einen klaren, standhaften Blick auf deinen Tod zu richten. Einen Blick, der geduldig die haarfeine Linie abtastet, an der die Abgründigkeit Deines Fehlens und mein seit jeher besiegeltes Schwinden einander berühren. Es gelingt mir nur selten. In jenen Momenten willigt etwas in mir ein, und alles wird still, wird Stille, die die Herrlichkeit und Traurigkeit der Dinge nicht voneinander trennen kann.

Die Tode, die wir nicht verzeihen

Es gibt die Tode,
die wir nicht verzeihen.
Die viel zu frühen, die ungerechten,
die Tode mit der langen Qual zuvor.
Die plötzlichen ohne Abschiedsgeste,
die leisen, die wir nicht kommen sahen.
Die einsamen, die uns mit Schuld beschweren,
die angekündigten, die wir nicht glauben wollten.
Die Tode, von Gewalt herbeigeführt
oder von einer winzigen Unachtsamkeit.
Die Tode durch die eigene Hand
und die mit einem Echo all des Unversöhnten.

Nur selten liegt ein Tod
ganz glatt und kieselrund
in den Händen unserer Trauer.
Nur selten sagen wir:
So war es gut und angemessen
und auch von großer Würde.
Der Tod ist tiefer Schrecken.
Ein Abgrund, der wie eine Wunde klafft.
Kein Einschlafen, kein tiefer Schlummer.
Ein Leben stürzt aus dieser Welt.
Auch das ist Abschiednehmen:
den Tod zu lassen, wie er ist.

Vertrauen

Dein Sterben war leise.
Nur ein Hauch.
Deine Lider schlossen sich
wie abenddunkle Blütenkelche.
Dein Atem ging noch einmal
ein und aus
und kehrte nicht zurück.
In allen Dingen
lag ein Einverständnis.
Im Licht der Leselampe,
das auf Deinen Händen ruhte,
in den Laken,
die Dich sanft umschlossen
wie eine zweite Haut,
im Geviert des Fensters,
durch das die Nacht
Dich freundlich anzusehen schien.
Als würdigte ein stiller Raum
belebter und auch unbelebter Dinge
mit Andacht Deinen Übergang.
Dass Du fort bist,
ist ein Schmerz,
der nie gesundet.

Doch ich vergesse nicht
die Anmut dieses Augenblicks,
in dem das Unannehmbare
ganz rein und trauerlos sich zeigte.
Alle Endlichkeit war gut.
Diesem Geheimnis
will ich tief vertrauen.

Wenn Dich der erste Tod erschüttert

Du trauerst schon,
bevor der erste Tod Dir nahgekommen ist.
Du fühlst den Stachel der Endlichkeit
schon früh in Deiner Haut.
Der Duft des Sommers weicht
dem Nebel und den Stürmen,
dein bester Freund fängt fern von Dir
ein neues Leben an,
Du wirst verständiger,
doch nur, indem Du Dich enttäuschen lässt,
und Dein Spiegelbild zeigt viele Risse,
wenn Du entdeckst, dass Du nicht mehr
der Mensch von gestern bist.

Die erste Liebe macht Dich nahbar
und sterblich auf ganz neue Weise,
wenn Du Dich als Geflecht
aus Du und Ich begreifst,
mit allem Lassen-Müssen
und mit der Schwere jedes Aufbruchs.
Du nimmst Dir Raum für Träume,
und manche füllst Du so beherzt mit Leben an,
dass sie als liebgewonnene Wirklichkeiten
nicht ohne Trauer an ihr Ende kommen.

Und auch dies Sterben kennst Du:
die Freude, die so sehr nach Dauer schmeckte,
dass Du ihr Ende nicht fassen kannst.

Du bist vertraut mit Trauer,
Du weißt seit Deinem ersten Tag,
dass Leben sich in vielen Formen schenkt
und dass die Formen fallen
wie die Ahornsamen, die Du als Kind bestauntest.
Nimm dieses Wissen, nimm die Erfahrung,
die in Deinen Zellen wohnt,
und lass sie weich in Deinem Herzen kreisen,
wenn Dich der erste Tod erschüttert.

Du wirst nicht weniger verwundbar sein,
nicht gefasster oder vorbereitet,
doch eine innere Stimme, die an Trauer reifen durfte,
wird Dir versichern, dass Du leben kannst
mit diesem Abgrund,
mit der Wirklichkeit des Fehlens,
die Platz nimmt zwischen Deinen Worten,
in Deinem Denken
und im Fühlen Deiner Fingerspitzen
und auch in jedem tief empfundenen Glück.

Tagtraum

Einst wird der Tod
auch mir die letzte Pforte öffnen,
vor der so hungrig meine tiefste Sehnsucht steht.

Er wird mich sanft, vielleicht auch rau
tief in die Höhlung seiner dunklen Hände nehmen,
wird trennen, lösen und zerreißen,
bis mein Körper, der die Erde liebt,
sein Enden ganz begreifen kann.

Dann wird er mich an fremde Ufer tragen,
mich werfen, wie man einen Kiesel wirft,
in tiefe, stille Wasser,
damit ich in den Welten Kreise ziehen kann.
In einer Pappel werde ich
das leise Zittern eines Blattes sein.

Der Tod wird mich entlassen
in undenkbare Weite, er wird mir Wind
unter die unsichtbaren Flügel legen
und mir die letzte Angst aus meiner Mitte küssen,
bis ich mich ganz an die Unendlichkeit
verschwenden kann.

Kann ich ihn nicht schon jetzt
ganz zaghaft lieben, nicht erst im Blick zurück
ihn als den treuen Bruder sehen?
Ihn wie den Kern des Apfels achten,
dem sich der Wohlgeschmack der Frucht verdankt?

Ich muss ihn tastend träumen
entlang der Ränder meiner Furcht
und über alle hartgewordenen Grenzen.
Das Leben wird mir neu begegnen,
wenn er vertraut und fest in allen Dingen steht.

Leben

Das Leben lebt
vom Schein der Unverwundbarkeit,
vom Feuer, das um kalte Asche
noch nicht weiß.
Es lebt von Flüchtigkeit,
vom Fliehen aller Dinge,
vom ersten Schrecken,
dass kein Glück sich halten lässt.
Es lebt vom Wohlgeschmack,
der sich nur in den ersten Schluck
so großzügig verschenkt,
und von der mahnend flüsternden
Unwiederbringlichkeit.
Es lebt vom Aufbegehren
gegen alle Endlichkeit,
vom ahnungsvollen Beten
und der kaum greifbaren Erinnerung
an den warmen Schoß der Ewigkeit.
Es lebt vom Hüten
und vom schmerzlichen Verlieren,
von vielen tief beweinten Lücken,
die keine Hand je wieder schließt.

Das Leben lebt und ringt
in allen meinen Gliedern
und segnet an der dünnen Haut der Jahre
den Augenblick
mit einem unscheinbaren Glück.

Weite

Was, wenn der Tod nichts anderes wäre
als ein Stürzen aus der Form,
der wir zu schwer geworden sind?
Wenn wir uns selbst aus der Gestalt entließen,
die ihre Haut zu eng um unsere Freiheit spannt?

Erstaunlicher, als dass wir sterben,
ist, dass der Körper unsere Sehnsucht halten kann:
für lange Zeit das Drängen und das Überschäumen
und das Verwobensein mit einem anderen,
von dem uns eine ernste Grenze trennt.

Was, wenn wir aus dieser Enge fielen,
aus einer Dunkelheit, die wir nur ahnend fühlen,
in eine Weite wie zum Atemholen?
Wenn nur dem Tod gelänge,
uns von einem Weg aufzulesen,
damit uns tausend Wege offenstehen?

Natur –
Verwurzelt im Werden

Es ist vielleicht einer unserer ursprünglichsten Impulse: Wenn wir trauern, zieht es uns in die unberührte Natur. In Wäldern, im Gebirge oder am Meer finden wir etwas, das wir so manches Mal vergeblich in Kirchenräumen und auch in der Gesellschaft anderer suchen: Trost. Der Trost, der von alten Bäumen, von nebligen Tälern oder rauschendem Meer ausgeht, ist anders als die tröstenden Worte, die uns meinen, anders auch als die Tröstlichkeit von Stille und Zurückgezogenheit in unseren vier Wänden: Es ist ein wilder Trost. Einer, der unsere Perspektive aufbricht und unser als leidvoll empfundenes Leben buchstäblich in einen weiten, großen Zusammenhang stellt.

Sich angesichts des übermächtigen Meeres schwach zu fühlen, sich am Fuß einer Gebirgskette winzig und im warmen Grün einer Lichtung aufgehoben zu fühlen, ist ein Geschenk. Und wie erneuernd es ist, sich vom Vogelgesang, vom Schnee, vom Duft des Flieders und den ersten wilden Brombeeren zurück in die Fülle des Augenblicks rufen zu lassen. Sich in endloser Weite daran zu erinnern, dass auch in uns eine Weite ist, in der jeder Schmerz und selbst der Tod aufgehoben ist. Unter einem leuchtenden Sternenhimmel zu liegen und der Ahnung nachzugehen, dass alle Schöpfung sinnvoll ist. All das ist heilsam.

Wir selbst sind Natur, und wann immer wir uns mit unserem ganzen Körper, mit allen Sinnen daran erinnern, kommen wir uns selbst wieder näher.

Wir tragen die kraftvollen Sinnbilder der Natur auch dann noch in uns, wenn wir wieder auf überfüllten Straßen reisen oder in unsere Stadtwohnungen und Büros zurückgekehrt sind: Die Bilder vom Wachsen und Vergehen, von Höhen und Tiefen, Fließen und Dürre, von Tag und Nacht. Immer erzählt uns die Erde vom Wunder des Werdens, in dem auch wir beheimatet sind.

Alles, was lebt

Wenn ich das Sterben so persönlich nehme,
dass Dein Verschwinden mich verblassen lässt,
und dass Dein Leidensweg, den ich nicht gehen musste,
der Schmerz in meinen Schritten ist,
und dass die ungelösten Dinge zwischen uns
mich in die engen Maschen
eines dunklen Netzes legen,
dann muss ich auch die anderen Dinge
sehr persönlich nehmen.

Das Licht der Sterne, das die Nacht vergießt,
die gelbe Blüte in den Ritzen einer Mauer
und die Beharrlichkeit des Windes,
der aus dem stummen Baum ein Knarren lockt.

Alles, was lebt, will mit mir sprechen.
Auch über Dich und Deinen Tod.
An diesem Tag ist es der Regen,
der sich auf meiner Haut verteilt
wie Verse, die ich ordnen muss.
Ich will ein neues Hören lernen.
Begreifen, dass die Mitte aller Dinge
auch meine wunde Mitte ist.

Atemraum

Im Wald,
unter dem grünen Laubgewölbe,
dort, wo die Vögel
nichts als kummerlose Lieder haben
und jeder Regentropfen
zart ein kleines All umschließt,
bin ich zu Hause.

Im weisen Atemraum,
der weiche Erde unter meine Schritte legt
und den Geschmack von Wind
und Moos auf meine Zunge,
der mich durchdringt
und um mich weiß
und mir ein Heim in seinem Werden schenkt.

In dieser Welt,
die auch das Sterben nicht bedauert.
Die ohne Zögern ihre Farben
an den Tod verschwendet
und sich nicht fragt,
was übrig bleibt.

Hier wohnt der Trost.
Hier fließen unerschöpflich
Ströme selbstgewissen Lebens
der roten Wunde
meines Herzens zu.

Kleine Schritte

Nur Hiersein.
Dem Vogel danken,
der die frühen Farben ruft.
Den Morgen atmen
mit seinen ausgeruhten Düften.
Die Füße segnen,
die auch die Last der Trauer tragen.

Meergeborene

Das Meer hat mich daran erinnert,
dass alle Ströme eine Richtung haben
und eine Heimat, die sie ruft.
Und jedes Sandkorn findet einen Ort,
um seine Winzigkeit zu schenken
in einen kühnen Traum vom Ganzen.

Das Meer hat mich daran erinnert,
dass ich zum Grund der Dinge sinken muss,
will ich die Leichtigkeit der Gischt erlernen.
Und jedes Ufer übt sich still in Endlichkeit,
lässt sich von Wind und Woge immer neu bestehlen,
bis es am Abend leer im Licht der Sterne liegt.

Das Meer hat mich daran erinnert,
dass jedes Werden einen Kummer in sich birgt,
den alle Dinge tragen müssen.
Auch wir, die Meergeborenen.
Wir wandern zwischen Wellenkamm und Ufer,
bis irgendwann das Salz von unseren Wangen fällt.

Was ich bin

Die Erde beginnt nicht an meinen Zehen.
Der Himmel endet nicht an meinem Scheitel.
Ich bin durchdrungen von allem Endlichen,
von einem Werden, das sich selbst genügt.
Ich finde staunend alle Wunder in mir wieder.
Den Mut des Sprösslings, der die Erde durchstößt,
das Verzweigtsein aller feinen Wurzelspitzen
und auch das Tosen des aufgebrachten Meeres.
Die stumme Spanne zwischen Blitz und Donner,
das tiefe Innehalten vor dem Sturm
und das Verglühen der erschöpften Himmelskörper.
In meinen Worten rascheln längst gefallene Gedanken
wie Herbstlaub,
wenn wir wandernd Abschied nehmen,
und hinter jeder tief durchfühlten Traurigkeit
duftet schon neue Hoffnung wie der erste Schnee.
Ich bin aus Erdenkraft und Himmelskraft gestaltet,
und ein Geheimnis webt im Stillen, was ich bin.

Ehrwürdig

Bei den Toten liegen die Wurzeln der Bäume,
träufeln auf welkende Lippen den Tau
wie ein Siegel der Verschwiegenheit.

Bei den nistenden Vögeln liegen
die Gebete der Menschen,
denen die Kraft fehlte,
den Himmel zu durchbrechen.
Manche werden zum frühen Lied der Amsel.

Vergiss nicht, Dich zu verneigen,
gehst Du vorüber an den Kathedralen
mit ihren Türmen aus rauschendem Laub.

Tannentrost

Dunkel bist Du,
Tannentrost,
auf harzbetränten Wunden.
Lass mich
eine Weile nur
Deine Mutterkräfte sammeln,
immergrüne Hoffnung schöpfen
aus der Stille,
die Du birgst.

Wintersonnenwende

Das Licht kehrt zurück.
Nun lass auch Du
das alte Dunkel hinter Dir.
Leg Deine Trauer
in das Wunder jedes Morgens.
Auch die Tage Deiner Seele
werden länger.
Erlaube Deinen Kräften,
anzuwachsen, bis sie wie Gräser
aufrecht in der Sonne stehen.
An jedem Umkehrpunkt
beginnt das Leben
mit neuer Lust um Dich zu werben.
Brich auf. Es ist Zeit.

Weltenraum

Die Nacht hat alle Sterne ausgegossen,
damit Dein Herz nicht länger dunkel ist.
Für einen Augenblick
darfst Du dem Himmel tiefer trauen
als Deiner Furcht.
Du musst nichts tun.
Lies nur die Lichter mit den Blicken auf,
die Dich an Dein ganz eigenes Licht erinnern.
Lass Deinen Atem strömen,
der Atem aller Wesen ist.
Wenn die Welt, auf der Du stehst,
durch Deinen Blick zum Himmel fällt,
halte nichts fest.
Sei ein Gestirn unter Gestirnen,
sei eine Bahn, der treue Monde dankbar folgen.
Sei selbst der Weltenraum in seiner trauerlosen Ruhe.
Wenn Du zurückkehrst,
finde alle Himmelskräfte wieder
an Deinem Grund.
Dort spricht die Stille,
die die Sterne mit Dir teilen,
Dein Leben aus
wie eine Schöpfung,
die noch wird.

Schritt für Schritt

Es gibt Tage,
an denen ich nur mit den Füßen trauern kann.
Nur gehend, wandernd, laufend, steigend,
als könne ich mit jedem Schritt
den Schmerz zerteilen,
in hundert Stücke erst, und dann in tausend,
bis jedes winzig wie ein Sandkorn ist.

Ich bin erschöpft an diesen Tagen,
weil meine Füße schwere Arbeit leisten,
doch wie tröstlich ist die Arbeit, die die Erde tut:
Sie trägt, was mir zu schwer geworden ist,
und legt die Trauer zu den Herbstzeitlosen,
zu den Flechten und den Eichenfarnen.
Für eine Weile kann ich wieder atmen.
Auf meinen Schultern nur die leichte Last
des Augenblicks.

Inmitten der Dinge

Ich bin entzweigeschnitten.
Es ist vorbei, vorbei.
Du hast nun ausgelitten.
Dein Atemstrom ist frei.
Nicht länger in dem Körper,
dem es an Kraft gefehlt,
zurück im einen Atem,
der diese Welt beseelt.
Und wenn der Wind nun säuselt
und Sturm die Zweige biegt,
wenn Meeresgischt sich kräuselt
und Schnee auf Dächern liegt,
wenn Winterfeuer rauchen
und Licht aus Sternen fällt,
so höre ich Dich hauchen
in dieser guten Welt.
Ich bin entzweigeschnitten.
Doch nicht allein, allein.
Ich sehe Dich inmitten
der Dinge mit mir sein.

Erinnerung – Ich werde Dich in allen Dingen finden

Wenn ein geliebter Mensch stirbt, hören wir oft, dass er in unserer Erinnerung weiterleben werde. Doch wir fühlen neben der wohlmeinenden Zuwendung auch die Unwahrheit dieser Worte, denn die Erinnerung, so lebendig sie auch ist, stellt uns immer wieder in die schmerzliche Realität der Abwesenheit. Und wäre es nicht traurig, den Verstorbenen nur noch dort zu wissen, wo die Erinnerung lebhaft und klar bleibt? Die meisten Trauernden teilen die schmerzliche Erfahrung, dass Erinnerungen verblassen oder uns ganz abhandenkommen. So trauern wir mit neuer Heftigkeit, wenn wir realisieren, dass wir uns den Geruch oder die Stimmfarbe des vermissten Toten nicht mehr vergegenwärtigen können.

Erinnerung, so ahnen wir auf dem Weg der Trauer, ist mehr als ein wehmütiger Blick zurück, mehr als ein Festhalten geteilter Momente, die es dem Vergessen abzutrotzen gilt. Sie ist auch mehr als der manchmal ängstlich gemiedene Schmerzort. Erinnerung schafft innere Orte, an denen wir unseren Liebsten begegnen können. Sie schafft Zeiträume, in denen wir uns der Trauer nicht entziehen und unseren innigen Gedanken und Gefühlen nachgehen können. In diesen Begegnungen mischen sich unsere dankbaren Blicke auf das, was wir gemeinsam erleben durften, mit unserer Sehnsucht und mit unserem Wunsch, für den Verstorbenen auch künftig einen Platz in unserem Alltag zu finden.

Erinnerung, die in uns suchen und tasten darf, die nach der bleibenden Botschaft des Verstorbenen fragen darf, die wir nicht fürchten und der wir aufmerksam nachgehen, kann sich in etwas zutiefst Gegenwärtiges verwandeln: in Beziehung.

Manchmal wird es dann spürbar, dass unsere Liebe Brücken bauen kann: zwischen Gestern und Morgen, zwischen Tod und Leben und auch zwischen unserem tiefsten Schmerz und einem Glück des Augenblicks.

Perlenschnur

Kostbare Trauer. Heilige Zeit.
Ich lausche Deinen verklingenden Schritten.
Lauschst Du auch mir?
Rücke ich auch Dir in die Ferne?
Lass mich nur den einen Faden lösen,
damit Du friedlich gehen kannst.
An einem zweiten reihe ich
die vielen Augenblicke auf,
die uns beschenkten:
die Sommerabende mit unseren Freunden,
die leichten, warmen und die ernsten Küsse,
das Glück, wenn unsere Hände ineinander lagen.
Geteilte Jahre.
Auch unsere ungelebten Träume,
die Fragen, die wir offen ließen
für die, die nach uns kommen.
Wie eine Perlenschnur
will ich die Schätze unseres Lebens tragen
und daran glauben,
dass Du hinter einer seidenzarten Grenze
mit frohem Blick das andere Ende
dieses Fadens hältst.

Dein Fehlen

Mein Leben schließt sich um Dein Fehlen
wie hohle Hände um den Docht der Abendkerze,
die ihre Flamme an den Wind verlor.
Nicht länger hüte ich in meiner Mitte
Dein warmes Licht, das auch das Dunkel
mit Gold versah.

Doch diese Dunkelheit spricht nur von Dir.
Ich will sie nicht vertreiben.

Mein Leben schlingt sich um Dein Fehlen
wie grüne Ranken um ein längst verlassenes Haus.
Nicht länger hüte ich in meiner Mitte
die Zärtlichkeiten Deiner Blicke,
in denen ich zu Hause war.

Doch das Verlassene spricht nur von Dir.
Ich will noch darin bleiben.

Mein Leben spannt sich um Dein Fehlen
wie blaue Himmel um die Wüsten dieser Welt,
und um die Gärten, die darin zu blühen wagen.
Nicht länger hüte ich in meiner Mitte
die feine Linie,
die das Schmerzliche von Freude trennt.

Doch dieses todversehrte Glück spricht nur von Dir.
Ich will es weitergeben.

Die langsame Hand Gottes

Du sagtest:
Wenn ich tot bin, lache.
Nicht wie einer,
den die Dinge nicht kümmern,
doch wie einer, der feiert,
dass jemand geboren wurde,
hinaus aus der Welt
der unbeständigen Liebe,
der gebrochenen Versprechen
und der Unwägbarkeiten
hinein in die Welt bleibender Schönheit.

Und Du sagtest:
Wenn ich tot bin, sei aufrecht.
Nicht wie eine,
die ohne Siege trotzt und kämpft,
doch wie eine, die weiß,
dass ein Leben vollendet wurde,
mag es auch jung gewesen sein
und unreif oder maßlos und satt.
Denn es gibt eine Vollendung,
die anders ist als wir erhoffen,
sie birgt alle losen Enden.

Du sagtest:
Wenn ich tot bin, sei geduldig.
Nicht wie einer,
der wartet, ohne zu wissen, worauf,
doch wie einer, der vertraut
auf die Weisheit der Dinge,
auf die langsame Hand Gottes,
die Deine Traurigkeiten annimmt,
und die das Leben mütterlich zurücklegt
in die hungrigen Münder
all Deiner Sehnsüchte.

Du bist hier

Mir fehlt Dein staunender Blick auf die Dinge,
die Art, wie Deine Fragen Knoten lösten,
Deine selbstlose Lust am Glück des anderen
und wie klingenscharf Dein Gerechtigkeitssinn
durch Dinge fuhr, die Du nicht hinnehmen konntest.
Ich vermisse Dein Lachen,
das dem Unabänderlichen trotzte,
Dein Hören, als hörtest Du alles zum ersten Mal,
und diese hinreißend eigene Art,
Deine Hände auf verschlissene Dinge zu legen,
als wolltest du ihnen danken.
Mir fehlt Dein gelassener Atem, dieses Strömen,
dem jede Hast fremd war,
das gleichbleibend unaufgeregte
Pochen Deines Herzens,
die Weisheit Deines Körpers,
die Dich selbst überraschte
und der Du mehr vertrautest
als all den sorgenvollen Gedanken an Morgen.
Ich vermisse Deine Entschiedenheit,
mit der Du das Leben bejahtest, kompromisslos
bis an den schmerzlichsten Punkt,
an dem Du einwilligtest

in Dein Vergehen-Müssen,
obwohl noch tausend Fragen in Dir brannten
und all die Sehnsüchte darin.
Mir fehlt Dein Haar.
Und Deine morgenraue Stimme.
Der avocadogrüne Duft auf Deiner Haut.
Und wie Du manchmal mit leichtem Herzen alles lassen konntest,
nur um an einem Ruheort zu sein.
Du fehlst der Welt in jeder Zelle.
Doch manchmal bin ich Du.
Wenn meine Augen Dein Erstaunen üben,
wenn mein Lachen voll
und wahr wie Deines klingen will,
wenn Du mich in meinen Träumen mahnst,
mich nicht an schattenhafte Ängste zu verlieren,
und ich bekenne,
immer Fragende und Suchende zu sein.
Mit ruhigem Atem.
Mit dieser Weisheit, die uns nicht gehört,
doch der wir ganz und gar gehören.
Du bist so fern, wie man der Welt nur fern sein kann.
Doch Du bist hier.
In mir und in allen, die Du wärmtest.
Wie eine Wandernde in grenzenlosen Räumen.

Was bleibt

Ich lache oft,
als wenn ich mit Dir lachte,
als wenn wir beide
außer uns vor Freude wären,
wie früher.
Früher. Weißt Du noch?

Ich lache,
weil ich mit Dir spreche
und für Dich auch,
weil Du nichts mehr erwidern kannst
und weil Du lachend sagen würdest:
Was legst Du mir nur in den Mund!

Ich lache oft,
weil an den schweren Tagen
das Lachen meine Angst vertreibt
und auch die Ohnmacht
wie damals.
Damals. Weißt Du noch?

Du lachtest
und Du sagtest: Wichtig ist
nicht unsere Lebensdauer,

wichtig ist nur, dass wir unser Lachen
nicht verlieren.
Dann schloss die Tür sich
zwischen uns, ein letztes Mal.
Dahinter summten Monitore.

Ich lache oft,
weil mir mit Deinem Tod
das Lachen nicht verloren ging.
Es hat bloß einen anderen Klang,
so wie ein Flötenholz mit einem tiefen Riss.
Es bleiben doch die Lieder.

Geliebte Feindin

An manchen Tagen
gehöre ich mir nicht.
Ich gehöre ihr,
die vom Unwiederbringlichen spricht.
Wie eine ergebene Schülerin
hänge ich an ihren Lippen.
Ich zähle geduldig mit ihr
die vielen Entbehrungen
und halte unter ihren Aufzeichnungen
das schwarze Buch der Untröstlichkeiten.
Ich stimme in ihre Klagen ein
wie ein knöchernes Windspiel,
das singen muss.
Mein Herz schlägt
im Takt, den sie vorgibt,
mal träge, mal unruhig
und manchmal so ängstlich rasend,
dass meine Hände nass
wie Brunnenschalen sind.
Wenn ich nur lange genug gehorsam bin,
legt sie mit majestätischer Geste
ein staubkorngroßes Wunder
tief in meine Brust:

ein Bild,
ein Wort,
einen Klang.
Auch einen Duft.
Die ganze Herrlichkeit einer Erinnerung,
in der ein Leben wieder gegenwärtig wird.
Niemand beschenkt mich wie sie,
die Trauer, meine geliebte Feindin,
meine Verbündete gegen das Verschwinden,
der ich gehöre,
an manchen Tagen.

Was die Welt zusammenhält

Mancher Baum, der eine Krähe hält,
sieht müde aus. Und manchmal stört das Mittagslicht
die Selbstvergessenheit der Schatten.
Der Schnee friert, wenn er auf die eisigen Zapfen fällt,
ein Stein leidet stumm an seiner Unbeweglichkeit
und der Regenbogen stürzt so bunt
aus allen Himmeln,
dass ich mich frage, wen er täuschen will.
An solchen Tagen, wenn die ganze Welt
so krumm und angestrengt
in ihren eigenen Wundern liegt,
begreife ich, wie sehr Du fehlst.
Du bist als Sinn und Halt aus jedem Zweig gefallen,
aus jedem Licht, aus jedem Tropfen, jedem Klang.
Nicht nur der Himmel hält die Welt zusammen,
nicht nur die Schwerkraft, der wir blind vertrauen,
es ist der Mensch in seiner Einzigartigkeit,
der alle Dinge ineinanderfügt,
bis sie im liebesweichen Blick
des Nächsten ihren Sinn ergeben,
und ihre Schönheit schenken
wie ein übervoller Brunnen.
Ich bin Dir dankbar.

Du hast die Welt für mich
zu einem guten Ort gemacht.
Nun muss ich ihr von Dir erzählen,
ihr Quelle sein für die Erinnerung,
damit an all den besseren,
den nicht so krummen Tagen
Dein Leben wie ein Licht aus ihren Farben fällt.

Zum ersten Mal Wirklichkeit

Es gab Momente, da fühlte ich mich wie unter Wasser. So, als läge auf jedem Klang eine Dumpfheit, auf jeder Farbe ein Schleier und auf jedem Gegenstand eine Beschichtung, die ihn von meiner Berührung trennt. Doch das war sehr selten der Fall, und vielleicht war es sogar nur in den ersten Tagen so, nach dieser unerwarteten, tiefen Erschütterung. Ich fühlte mich unwirklich, und darin lag Linderung.

Doch die meiste Zeit über machte ich eine ganz andere Erfahrung: Ich fühlte mich, als habe die Trauer mich wie einen Krug zerbrochen und mein Innerstes über alle Dinge ausgeschüttet. Zum ersten Mal in meinem Leben war ich von nichts und niemandem getrennt. Ich war wach, alarmiert bis in die letzte Zelle, berührbar bis ins Mark, empfänglich für jeden Hauch einer Traurigkeit und für das aufgeregte Zittern einer Freude. Die Trauer setzte mich unerbittlich dem Moment aus. Sie nahm mir im Bruchteil einer Sekunde jede Unehrlichkeit, jede Verzögerung, jede Zweideutigkeit, sie trennte mich von allen Vorläufigkeiten und von der einen Illusion, mit der wir alle viel zu lange leben: dass wir unendlich viel Zeit haben. Ich hatte und habe keine Zeit mehr für all die vermeidbaren Umwege, die ihr Ziel längst vergessen haben, für die Maskeraden, an denen wir festhalten, um nichts wagen zu müssen, um uns zurückzuhalten oder zu verweigern. Ich habe keine Zeit mehr für halbherzige Worte, für Versprechen, die ich nicht zu halten gedenke, oder für Andeutungen, die mein Gegenüber verstehen soll, bevor ich sie verstehe, für vertagte Entscheidungen oder für das Warten auf einen makellosen Moment, der nie kommen wird. Ich habe keine Zeit mehr, darauf zu hoffen, dass all das, was mir beschädigt, krank oder unvollkommen vorkommt, wieder gesund wird, und dass die Welt mich mütterlich ermuntert, ins Leben aufzubrechen. Das Leben wartet nicht auf mich.

Das mag eilig klingen, doch es ist nicht so, dass ich in Eile bin, dass ich wie eine Getriebene dem Moment die seltene Perle des Glücks entreißen muss. Ich begreife, dass die Eile, mit der wir dem Glück hinterherstürzen, ohne es je zu erreichen, sich nur unserer ständigen Verzögerung verdankt, unserer Unfähigkeit, mit ganzem Herzen dort zu sein, wo wir sind. Dass ich keine Zeit mehr habe, bedeutet, dass ich keine Eile mehr brauche. Es bedeutet, dass ich, vielleicht wie nie zuvor, nackt und gegenwärtig bin. Dass ich nicht länger vor den Geistern meiner Ängste und Befürchtungen fliehen werde. Dass ich bereit bin, nicht mit dem zu hadern, was ist, und nicht unablässig das zu wollen, was nicht ist.

Ich staune darüber, wie gründlich die Trauer an mir vollzogen hat, was nichts und niemandem zuvor gelang, nicht der innigen Zweisamkeit, nicht der überwältigenden Schönheit der Natur, nicht der nach Gott tastenden Sehnsucht des Glaubens: mich von mir selbst zu befreien, im heilsamsten Sinn. Mich von all dem Hinderlichen zu lösen, das ich mir in den Weg gelegt habe, um nicht tief empfinden zu müssen.

Der Tod, der Tod der anderen, jener Tod, mit dem wir leben müssen, hat mein altes Dasein jäh beendet. Ich war tief erschrocken, doch zur gleichen Zeit fand ich mich klar und geistesgegenwärtig im Heute wieder, in der zerschlissenen, verwundeten, verheulten Aufrichtigkeit meiner Liebe, die ich keinem Menschen, auch nicht mir selbst, mehr schuldig bleiben möchte.

Ich erinnere mich an meine Toten. Manchmal auf diese eine Weise, die wehmütig zurückblickt und bedauern muss, dass das Vergessen mich wieder um einen unwiederbringlichen Moment bestohlen hat. Doch öfter noch so, wie wir als Kinder oft stundenlang in den Wolkenhimmel schauten, bis wir uns selbst nicht mehr vom Himmel unterscheiden konnten. Als riefe ich die tief vermissten Toten hinein in meine Gegenwärtigkeit, bis sie in mir aufstehen, und, umschlossen von meiner Haut, ihre Hände auf die kostbaren endlichen Dinge legen, die auch ich einst loslassen muss.

In allen Dingen werde ich Dich finden

Ich werde einen Ort für Dich finden.
Er wird von den lichten Rändern meiner Worte
bis an die dunklen Wellen meines Schlafs reichen
und von der weichen Erde unter meiner Sohle
bis an den einen Punkt am Himmel,
an dem an manchen Tagen die Venus leuchtet.

Ich werde Dich zwischen alle Blätter der Pappel legen,
die mich am Morgen
mit ihrem fröhlichen Rauschen begrüßt,
und in das Grün der moosbewachsenen Wurzeln,
an denen ich auf den Frühling warte.

Ich werde Dich dem Mondlicht anvertrauen,
das feine Silberblumen
in den Riss des Fensterglases zeichnet,
und unter dem Dach,
dort, wo in jedem Jahr die Schwalben nisten,
werde ich dem Vogel, der bald flügge wird,
die Freiheit, die Du lebtest, auf die Flügel legen.

Ich werde Dich wie guten Rat
auf jede Alltagssorge flüstern
und Dir die Leichtigkeit der fröhlichen Tage widmen.

In allen Dingen werde ich Dich finden.
Alles, was mich umgibt,
wird Deinen Namen kennen,
weil das, was Du mir warst,
die ganze Welt umschloss.

Erinnerung

An dich zu denken,
wird nicht immer traurig sein.

Es wird ein Grund sein,
in die Gegenwart zu fallen
mit einer Sehnsucht,
die die ganze Welt umrundet hat,
und aus den kleinsten Dingen
Freude aufzulesen,
die ich mit Dir
auf eine neue Weise teilen kann.

Es wird ein Grund sein,
keine Zeit mehr zu verschwenden,
in stiller Einfachheit
dem Leben zu vertrauen
und eine Liebe, die an Trauer erst
erwachsen werden konnte,
wie goldene Lichter
an die Schwelle jeder Nacht zu legen.

Leben –
Der Tag verdient unsere Sehnsucht

Das Leben gewinnt uns zurück.
Wir wissen nicht, wann es geschieht oder wie es geschieht, aber ganz unverhofft hören wir uns selbst wieder lachen und wir fühlen uns, vielleicht nur für einen Moment, leicht und froh. Etwas berührt uns, ein blauer Sommerhimmel, ein Klang, eine schöne Erinnerung oder ein erster Tagtraum, der es wagt, in die Zukunft zu wandern – und wir bemerken, wie das Leben in uns aufwacht.

Und so wunderbar das ist: Oft erschrecken wir an dieser Stelle oder wir schämen uns für einen Augenblick, weil wir fürchten, den Ernst unserer Trauer und somit die Aufrichtigkeit unserer Liebe zum Verstorbenen zu verlieren. Wir lernen aber mit der Zeit, wie sehr eine durchwanderte Trauer und tiefe Lebensfreude zusammenhängen, wie sehr auch die Liebe zum Verstorbenen als Liebe in der Welt lebendig sein will.

Die Trauer mag nie aufhören, aber sie verändert sich. Sie lockert mit der Zeit ihren Griff und lässt uns wieder tiefer Atem holen. Vor allem aber verändert die Trauer uns. Sie macht uns reicher, sie schenkt uns neue Einsichten und meist auch einen würdigenden Blick auf das Leben und einen weicheren Blick auf uns selbst. Vielleicht können wir uns darauf einlassen, die Trauer als Teil unserer Biografie zu akzeptieren, vielleicht gelingt es uns sogar, den Schmerz als etwas zu betrachten, das uns nicht vom Leben trennt, sondern uns tiefer in dessen Geheimnisse führt. Ganz sicher werden wir bewusster im Umgang mit unserer eigenen Endlichkeit und in der Begegnung mit anderen Trauernden. Uns selbst auf diesem Weg neu kennenzulernen und zu entdecken, wie viele Kraftquellen in uns fließen, ist auf eine erstaunliche Art beglückend.

Aufatmen

Ich kann mich selbst nicht trösten,
doch ich kann aufatmen
im Wissen, dass ich es nicht muss.
Ich muss den Schmerz nicht bezwingen,
das Dunkel nicht bannen,
ich muss nicht zurückfinden
in die Haut, die mich umschloss.
Etwas, das nicht in meiner Hand liegt,
nimmt mich bei der Hand
und führt mich zur Schönheit der kleinen Dinge.
Der wandernde Sonnenfleck auf meiner Fensterbank,
die Süße der reifen Frucht in meinem Mund,
die warme Armbeuge der Nacht,
in der ich ausruhen darf.
Nichts ist mehr, wie es war.
Alles ist gut.

Dein zweites Leben

Den einen Teil deines Lebens verbringst Du in glücklicher Unmittelbarkeit: Du musst nichts dafür tun. An jedem Morgen schlägt das Leben selbst in Dir die Augen auf, und etwas atmet in Dir ohne Mühe. Dann kommt der Tod. Einer, den Du liebst, ist fort. Und plötzlich lebst Du Dein zweites Leben, das ohne Unmittelbarkeit. Jenes, für das Du Dich entscheiden musst, jeden Tag aufs Neue. Ein unbenutzter Muskel muss nun Deine Augen aufschlagen, das Atempendel wartet auf Deinen Stoß. An jeder Wegkreuzung wirst Du nach dem geheimen Wort gefragt. Dein Ja ist der Passierschein.

Du kannst Dich in Bedauern über den Verlust des ersten Lebens verlieren, über das unwiederbringliche Ende der kindlichen Arglosigkeit und der Leichtigkeit, auf die Du glaubtest, ein Anrecht zu haben. Doch Dein zweites Leben wartet auf Deine Freundschaft. Darauf, dass Du die Wichtigkeit und Unverzichtbarkeit Deiner Entscheidungen zu schätzen lernst. Darauf, dass Du mündig wirst auf diese Art, die uns nur der Tod abverlangt.

Du magst das, was dann erscheint, vielleicht eine ganze Weile nicht Glück nennen wollen, weil wir das Glück für rund und rosig halten, aber nicht für müde und abgekämpft, doch Du selbst verdienst es, Dich in diesem zweiten Leben glücklich zu nennen, weil Du bis zum Grund der Dinge getaucht bist, um die Perle des Lebens mit zitternden Händen zurück in Deine Mitte zu legen.

Einwilligung

Der Trost hat mich gefragt,
ob ich bereit bin,
durch den Schmerz hindurchzugehen,
anstatt ihn zu umkreisen,
und ob ich meinen Finger
so lange in die Wunde lege,
bis ich das Unversehrte darin fühlen kann.
Er hat mich gefragt,
ob ich mich halten lassen werde
von Armen, die nichts je wieder
in Ordnung bringen,
und ob ich schweigen kann,
bis irgendwann wie warmer Atem
ein gutes Wort mich streift.
Er hat mich gefragt,
ob ich mich bücken werde
zur kleinen blauen Blüte am Wegesrand,
ob ich Kirschen von den höchsten Ästen pflücke
und ob ich es ertragen kann,
wenn mich am Abend
ein Glück ganz ohne Grund befällt.

Er hat mich gefragt,
ob ich erahne, dass ich auf nichts ein Anrecht habe,
auch nicht auf die Untröstlichkeit,
weil sich in jedem Augenblick
das Leben selbst an mich verschenkt,
ohne zu zögern und ohne Maß.
Wie eine, die noch in die Weite
dieses Wortes wachsen muss,
sagte ich Ja.

Lachen

Das Lachen wiederfinden,
es von der dunklen Scham befreien,
von der Angst, dass es vermessen ist,
dem Tod mit Leichtigkeit zu trotzen.
Und an den mutigen Tagen
das Glück wie eine Taube
an den Himmel werfen,
bis sich die starken Flügel breiten
über neuem Atemraum.

Das Netz

Vielleicht hat mein Schmerz
keinen anderen Sinn,
als an einem fernen, unbekannten Ort,
den selbst mein Träumen nicht erreichen kann,
dem Schmerz einer jungen Frau
Gesellschaft zu leisten.
Vielleicht ist die Freude,
die mich am Morgen besuchte,
von einem fernen, unbekannten Ort
und aus der Freude eines alten Mannes
zu mir und nur zu mir gereist
wie eine Antwort auf mein Beten.
Vielleicht fällt uns der Trost
von Fremden aus der Ferne zu,
wenn etwas ihre Leiden lindert.
Vielleicht trägt uns an manchen Tagen
nur der Gang eines aufrechten Menschen,
dem wir nie begegnen werden.
Als hielte uns ein Netz,
das uns ganz zart verbindet, und jeden
in die Wirklichkeit des anderen stellt.
Ohne, dass wir es merken,
fällt uns aus den Leben vieler
immer neue Hoffnung zu.

Lebendigkeit

Entzünde die Flamme Deiner Lebendigkeit nicht nur am Licht der Tage, die Dich beschenken. Jener Tage, die Dich auf die Schultern der Menschen heben und auf die warmen Wogen anerkennender Worte, die Dich vor zwei gefüllte Teller setzen, zwischen denen Du wählen kannst, und die Deine Füße auf sicheren Grund stellen. Gewöhne Dich nicht ans Gelingen, nicht an die feste Haut, die Dich vor fremdem Kummer schützt, und auch nicht an die fließenden Stunden, die sanft und gut, und ohne Fragen sind.

Entzünde die Flamme Deiner Lebendigkeit auch an den strengen Tagen, die Dir Türen schließen. Die Dir abverlangen, mit Dir und den dunklen Schatten Deiner Trauer allein zu sein. Die sich von Deinem Gefühl, in der Welt nicht zu Hause zu sein, nicht erweichen lassen und Dir keine Linderung bringen. Die Dich nicht wärmen, wenn Dir kalt und fremd zumute ist, und die Dir keinen Freund zur Seite stellen. Freunde Dich mit den zähen Stunden an, die nicht enden wollen, und mit den Widersprüchen, die in Deinem Inneren streiten.

Denn das, was uns lebendig macht, hat sich nicht nur an die freundlichen Dinge verschenkt, sondern auch an die, die uns infrage stellen und verwunden und die sich gegen ungeduldige Hände sträuben, weil sie ihr Geheimnis nur langsam preisgeben.

Einfach

Es gibt sie immer noch, die Dinge,
die sich nicht verbergen,
die sich nicht sträuben, nicht entziehen
und uns nichts abverlangen.
Die schönen Dinge,
die sich gerne finden lassen
und die uns immer schon erwarten.
Das Einfache, das keine Fragen stellt.
Gestern war es das Lachen des Kindes,
dem die Spatzen im Park zu nahe rückten.
Am Morgen war es der Brief eines Freundes,
der schrieb: Ich denke an Dich.
Und abends die monotone Musik der Motoren,
ein müdes, frohes Nachhausekommen.
Wenn die Menschen in ihre Häuser gehen,
will eine dankbare Ruhe sich teilen.
Es gibt sie immer noch, die Dinge,
die nur angesehen werden wollen,
nur aufmerksam gehört,
und die wir tief in uns
bewegen können wie Atemluft.
An jedem Tag.

Das Glück von morgen

Es wäre leichter zu vergessen.
Den Schmerz nicht an jedem Ort zu finden
wie einen Schatten, der vorausgelaufen ist.
Nichts mehr von den durchlittenen Zeiten zu wissen,
die als feine Linien in meinem Gesicht
für immer sichtbar sein werden.
Aber die Welt, der ich begegnen will,
erwacht jeden Morgen immer nur hier:
an der blühenden Grenze
zwischen Erinnerung und Erwartung,
zwischen dem Verlorenen
und dem Verheißungsvollen,
und ich lerne, mich darin aufzurichten,
ich lerne, berührbar zu bleiben.
Ich will das Glück von morgen mit Dir teilen,
wenn auch auf eine neue, fremde Weise.
Ich will mich mit dem, was kommt, befreunden.
Auch mit ihr,
die ich durch Deinen Tod geworden bin.

Wogende See

Ich lerne, das Glück nicht höher zu schätzen als die Traurigkeit. Die Traurigkeit hat mich tief in die Stille geführt, ins Lauschen und in die Anteilnahme am Leben derer, die viel zu betrauern haben. Sie hat mich weich gemacht in einer Welt, die oft die Härte wählt und uns dazu ermuntert, von Unverwundbarkeit zu träumen. Sie hat mir einen anderen Traum geschenkt: den von Berührbarkeit und von der Kraft tiefer Begegnung.

Ich lerne, die Sanftmut nicht höher zu schätzen als den Zorn. Der Zorn hat mich so oft daran erinnert, dass wir an Ungerechtigkeiten leiden und dass es Zeiten gibt, die einen Aufschrei brauchen, damit ein falscher Schlaf beendet wird. Er hat mir den Mut geschenkt, nicht länger zu schweigen, wenn unsere Menschlichkeit um ihre Stimme ringt. Der Zorn hat mir auch eine Würde aufgezeigt: die Würde, mit den Dingen, die uns zugemutet werden, ringen zu dürfen, bis uns ein Ja aus dem Herzen fällt.

Ich lerne, die Gesundheit nicht höher zu schätzen als die Krankheit. Ich war vergesslich, als ich nichts zu beklagen hatte, und dass ich nicht dazu gezwungen war, mit meinen Kräften zu haushalten, verführte mich zu ständiger Eile und Verschwendung. Die Krankheit sprach zu mir als Endlichkeit, und ich lernte, ihr zuzuhören. Ich lernte, das, was mich ausmacht, sorgsam in die Welt zu stellen und für die vielen Geschenke des Lebens empfänglich zu sein.

Ich lerne, die Geburt nicht höher zu schätzen als den Tod. In beiden Augenblicken öffnet Gott mir eine Tür. Und er weiß besser als ich, wann diese Tür geöffnet werden muss und welche Gärten dahinterliegen. Das ganze Leben ist ein Sterbenlernen, und doch sind wir so ungeschickt darin, weil wir in unserer Furcht den Tod nicht sehen wollen. Ich übe jeden Tag, mich mit dem Gedanken zu versöhnen, der Tod könnte mein Bruder sein.

Ich lerne, meine Widerstände aus den Dingen zu nehmen, die meinen Widerstand nicht brauchen. Die Wirklichkeit, der wir begegnen dürfen und müssen, ohne Feindseligkeit anzuschauen. Ich lerne, die Bewegung nachzuzeichnen, die in allem liegt, mit meinen Augen, meinen Händen, meinem Herzen, mit all dem Unscheinbaren, das ich als Mensch erdenken und auch sagen kann. Mich auf diese Bewegung einzulassen und manchmal sogar in ihr aufzugehen: als wogende See.

Es wächst ein Licht
in deinem Fehlen

Es wird ein Morgen geben.
Ich werde ausgebreitet wie die Erde sein.
Mich werden neue Hoffnungen besiedeln,
und Kräfte, die ich nicht erahnte,
werden wie Bäume fest in meiner Mitte stehen.

Auf meinen Schultern wird das Leichtgewicht
der Freude liegen, weil Leben mehr ist
als die Summe aller Fragen, mehr als das Ziel,
an dem die Suche dankbar endet,
mehr als der Kummer,
den ein Mensch ertragen muss.
Mehr als das Glück.

Es wird ein Morgen geben.
Und darin wird auch diese Leere sein,
die keine Menschenhand mehr füllt,
und dieses eine zähe Dunkel.

Doch es wächst ein Licht in deinem Fehlen
und heute nehme ich es an.
In meinen Händen wird es schimmern,
in meinen Worten und meinem Blick.

Alle werden sehen, was mir genommen ist
und wie reich Dein Leben mich beschenkte.

Es wächst ein Licht in deinem Fehlen.
Das Morgen wärmt sich schon daran.

Bibliografische Information der Deutschen Nationalbibliothek

Die Deutsche Nationalbibliothek verzeichnet diese Publikation in der Deutschen Nationalbibliografie. Detaillierte bibliografische Daten sind im Internet über http://dnb.d-nb.de abrufbar.

Ohne Folie
Für unsere Umwelt

in Deutschland produziert

MIX
Papier | Fördert gute Waldnutzung
FSC® C014889
FSC
www.fsc.org

7. Auflage 2025

Lektorat: Marlene Fritsch
Umschlaggestaltung: Finken und Bumiller
Umschlagmotiv: VICUSCHKA / photocase.de
Druck und Bindung: Pustet, Regensburg
ISBN 978-3-7365-0228-4

www.vier-tuerme-verlag.de